创新创业教育丛书

i

INNOVATION AND
ENTREPRENEURSHIP

# "互联网+"时代
# 高校创新创业教育

何 军 / 著

北京师范大学出版集团
BEIJING NORMAL UNIVERSITY PUBLISHING GROUP
北京师范大学出版社

# 目　录

# 第一章　绪论

"互联网+"由李克强总理在 2015 年召开的第十二届全国人大三次会议上首次提出。李克强总理在政府工作报告中提出"互联网+"行动计划，并指出，制订"互联网+"行动计划，推动移动互联网、云计算、大数据、物联网等与现代制造业结合，促进电子商务、工业互联网和互联网金融健康发展，引导互联网企业拓展国际市场。①

互联网行业的一些领军人物对"互联网+"行动计划高度关注。2015 年 3 月，全国人大代表、腾讯公司控股董事会主席兼首席执行官马化腾提交了两会议案——《关于以"互联网+"为驱动，推进我国经济社会创新发展的建议》，呼吁以"互联网+"为驱动，鼓励产业创新，促进跨界融合。阿里巴巴集团下属专业研究机构——阿里研究院，于 2015 年 4 月推出国内第一部专著《互联网+：从 IT 到 DT》，深度分析了"互联网+"的内涵及其与云计算、大数据、新分工体系的关系，阐述了"互联网+"行动将以夯实信息基础设施、创新互联网经济、渗透传统产业为指向，为中国经济转型升级与增长开辟新路。

从 2014 年 8 月中央电视台播放的《互联网时代》大型纪录片中，我们已明显看到"互联网时代"的来临，而今天，我们每个人所体会到的，不仅是互联网时代的到来，而且，这一时代已被互联网渗入与融合。随着信息技术的迅猛发展与广泛普及，移动互联网、云计算、大数据以及物联网等一系列新科学技术出现，给人类的工作、学习和生活带来巨大变化，这种变化，是信息技术的一场大变革，更是人类生存与发展方式的颠覆性变革。传统的商业模式、消费方式、办公方式、出行方式、教育方式及金融理财方式等关系到人类各个方面的运作方式，都因互联网信息技术的发展而发生了突破性改变。此外，智能手机、电脑以及各个软件等不断地更新换代，互联网已深入融合进人们生活与工作的每一个缝隙。当今我国互联网用户呈几何指数增长，据前瞻数据库数据显示，截至 2016 年年底，我国网民数量已达 7.31 亿人，环比上半年 7.1 亿

---

① 《李克强：制订"互联网+"行动计划》，http://www.cac.gov.cn/2015-03/05/c-1114529772.htm，2018-03-05。

增长 2.96％，同比 2015 年年底 6.88 亿增长了 6.25％。[①] 互联网信息技术让今天的几乎每一个人都能切身体会到互联网带给我们的便捷与舒适。

同时，互联网信息技术的发展，也使得国家之间竞争与合作的焦点和方式发生了变化，"发达国家正在积极应对新一轮经济变革带来的挑战，纷纷鼓励信息技术变革和应用模式创新，美国的《先进制造业伙伴计划》及《网络空间国际战略》，英国的《信息经济战略 2013》等一系列行动计划和战略的提出与实施，旨在充分发挥信息技术领域的领先优势，加强在新兴科技领域的前瞻布局，以谋求抢占制高点，信息通信技术的进步，互联网、智能手机、智能芯片等在企业、人群和物体中的广泛应用，为下一阶段的'互联网＋'奠定了坚实的基础"。[②] 而中国在这场技术普及变革中也抓住了机遇，年轻的阿里巴巴集团的零售体已超越了 50 多年的国际零售巨头沃尔玛，成为世界第一大零售体。在国际 TOP15 互联网企业排行榜中，以阿里巴巴集团为代表的国内多家互联网企业形成了和美国两分天下的可喜局面。中国的大学有责任为当下信息经济的快速发展输送更多、更优秀的创新创业型人才。

# 第一节 "互联网＋"的时代特征

何谓"互联网＋"？阿里研究院认为，"'互联网＋'是指以互联网为主的一整套信息技术（包括移动互联网、云计算、大数据技术等）在经济、社会生活各部门的扩散、应用过程。"[③] 马化腾也认为，"互联网＋"是指利用互联网的平台和信息通信技术，把互联网和包括传统行业在内的各行各业结合起来，从而在新领域创造一种新生态。我们相信，"互联网＋"将对人类经济社会产生巨大、深远而广泛的影响。互联网技术的迅猛发展，使我们已经步入"互联网＋"时代，我们的时代因此也呈现出一些新的特征。

## 一、大数据资源的出现

互联网技术的迅速发展，使人类进入信息时代。而今天，人类所处的时代已不是简单的信息时代，而是大数据化的信息时代。大数据，顾名思义，庞大且复杂的数据，在英语中的表达即"Big Data"，大数据（Big Data）的"大"不是简单的数量上的大或多，它包含着更多的内涵，麦肯锡全球研究院的定义是："一种规模大到在获取、存储、管

---

① 《截至 2016 年末我国网民数量达 7.31 亿人》，http：//d. qianzhan. com/xnews/detail/541/170209-c78c7416. html，2018-03-20。

② 宁家骏：《"互联网＋"行动计划的实施背景、内涵及主要内容》，载《电子政务》，2015(6)。

③ 阿里研究院：《互联网＋：从 IT 到 DT》，2 页，北京，机械工业出版社，2015。

理、分析方面大大超出了传统数据库软件工具能力范围的数据集合。"一般认为，其特征主要表现在四个方面：一是数据量（Volume）巨大。大数据一般指在 10TB 规模以上的数据量。但在实际应用中，很多企业用户把多个数据集放在一起，已经形成了 PB 级数据量。① 二是数据多样性（Varity）。大体分为结构化数据和非结构化数据，除了数字、文本外，还有图片、视频、地理位置等信息。三是价值（Value）密度低。根据福利经济学的观点，生产率与单位商品的价值无关，生产率只与生产的数量有关，即生产率高的企业在相同的时间内生产更多的价值。大数据使其所创造的价值密度降低，但其商业价值升高。四是速度（Velocity）要求快，即数据输入输出的速度要求快。② 信息技术的发展使得互联网有能力记录和承载庞大的数据，互联网的普遍化使得数据呈现爆炸性特点。互联网也促使自媒体时代的到来，人人都是媒体，人人都是麦克风，这在很大程度上使得数据的产生来源更加多元化，数据的增长更加迅速。"互联网＋"时代，大数据不是纯粹的数据，应该从数据背后看到其隐藏的重要信息，更要从其中挖掘出潜在的机遇，这是创业者必须具备的基本思维和重要技能。"互联网＋"时代所呈现的大数据化特征也促使了数据产业这一新兴产业的诞生，更促进了数据分析技术的创新与发展。

在"互联网＋"的时代背景下，互联网与各行各业充分融合，使得很多传统的名词渐渐都加上了"大数据"，如大数据营销、大数据金融、大数据服务等。同时，大数据也促进了互联网的发展，二者是相互促进、相互交融的。例如，中国电信与市场研究公司合作，专注于零售端与消费者的研究，并形成体系化报告，可以为制造商分析市场的信息动态，使之做出更好的市场决策。此外，电影平台以用户贡献的评论及评分数据为基础，计算出每部电影的总分值，使用户对电影市场有更加直观的了解。与此同时，对影视作品做情感分析，对一周最热话题、中国元素、一周最热新闻等信息进行分析，做出用户分布及广告策略的预测，即可大大提高票房率。随着大数据方法的引入，在原有的评价系统之上，做进一步的深入和拓展，如征信系统和预测系统等，能够更加深入地打破信息壁垒，让互联网平台上的人、商家、服务等各种信息更加可信和透明。③ 对此，德国政府提出一个高科技战略计划——大数据"工业 4.0"，该项目由德国联邦教育及研究部和联邦经济技术部联合资助，投资预计达 2 亿欧元，目的是提升制造业的智能化水平，建立具有适应性、资源效率及人因工程学的智慧工厂，在商业流程及价值流程中整合客户及商业伙伴，其技术基础是网络实体系统及物联网。"工业 4.0"包括三个方面：万人互联网（传感器和高速公路）、一切皆数据（云计算和大数

---

① 数据基本单位换算：1B（byte）＝8b（bit 位）；1KB（Kilobyte）＝1024B；1MB（Megabyte）＝1024KB；1GB（Gigabyte）＝1024MB；1TB＝（Trillionbyte）＝1024GB；1PB＝（Petabyte）＝1024TB；1EB（Exabyte）＝1024PB；1ZB（Zettabyte）＝1024EB。

② 陈国嘉：《互联网＋——传统行业跨界融合与转型升级新模式》，25～26 页，北京，人民邮电出版社，2015。

③ 贾元昕、杨明川、孙静博：《大数据在"互联网＋"进程中的应用》，载《电信技术》，2015（6）。

据）、柔性和精益制造（高端制造）。①

## 二、传统产业的互联网化

企业存在的基础在于创造价值。美国哈佛商学院著名战略学家迈克尔·波特（Michael E. Porter）提出了"价值链分析法"，把企业内外价值增加的活动分为基本活动和支持性活动，基本活动涉及企业生产、销售、进料后勤、发货后勤、售后服务等，支持性活动涉及人事、财务、计划、研究与开发、采购等，基本活动和支持性活动构成了企业的价值链。在企业所有活动中，只有某些特定的环节才真正创造价值，这些真正创造价值的经营活动就是价值链上的"战略环节"。企业要保持竞争优势，就要在价值链的某个战略环节上能够保持高效运作，节省更多费用或者创造更多价值，这些战略环节或者来源于企业内部，或者来源于企业外部。

"互联网＋"时代，正在春风化雨般地对企业价值链的各环节进行渗透和改造，催生了各种互联网商业业态和企业创新商业模式。过去的十年，从微观角度看，在企业价值链层面表现为一个个环节的互联网化：从消费者上线开始，从客户服务到销售消费、营销推广、批发零售、设计生产、原料采购，从 C 端逆流而上地渗透到 B 端，实现企业价值链的"逆向"互联网化。但从中观和宏观角度看，这种价值链的变化衍生出程度不同的产业互联网化，这些产业出现的大致次序为：营销广告业、批发零售业、文化娱乐业、生活服务业、金融、跨境电商、制造业等。

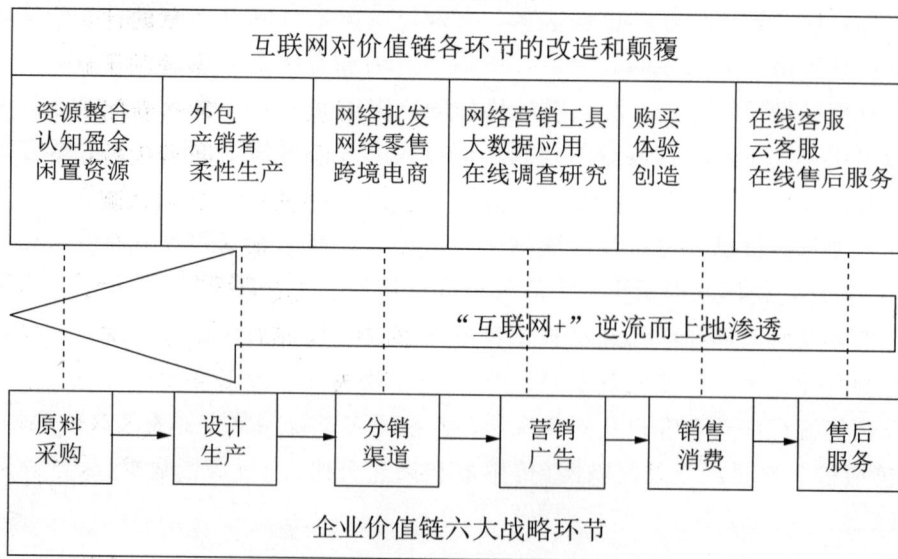

| 互联网对价值链各环节的改造和颠覆 | | | | | |
|---|---|---|---|---|---|
| 资源整合<br>认知盈余<br>闲置资源 | 外包<br>产销者<br>柔性生产 | 网络批发<br>网络零售<br>跨境电商 | 网络营销工具<br>大数据应用<br>在线调查研究 | 购买<br>体验<br>创造 | 在线客服<br>云客服<br>在线售后服务 |

"互联网＋"逆流而上地渗透

| 原料采购 | → | 设计生产 | → | 分销渠道 | → | 营销广告 | → | 销售消费 | → | 售后服务 |
|---|---|---|---|---|---|---|---|---|---|---|

企业价值链六大战略环节

图 1-1 "互联网＋"传统企业价值链

---

① 陈国嘉：《互联网＋——传统行业跨界融合与转型升级新模式》，29 页，北京，人民邮电出版社，2015。

今天的"互联网＋"浩浩荡荡、势不可当，正如阿里巴巴董事长马云所说，今天不做电子商务，明天将无商可务。在这样的形势下，传统企业的价值链的环节正在逐个被渗透、改造和颠覆。简单分类来看，制造业通过直接上线而缩短链条，并连接顾客参与到产品的设计生产中；生活服务业通过上线而缓解供求信息不畅的局面，也通过增加中间环节（如携程、大众点评等中介）实现产需间更好地匹配，加速释放了服务业的产能，刺激了生活型服务的需求，从而带动了国内经济的发展。价值链中间环节的互联网化属于过渡阶段和部分互联网化，最彻底的互联网化则来源于顾客需求端和企业资源端的新发现和新创造，这是对传统价值链的颠覆和重建，也是传统产业互联网化努力的方向。

在"互联网＋"的影响下，产业结构不再是线下垂直分布的一条条单向价值链，而是线上线下相互连接和交织的价值网络，互联网平台型企业成为"互联网＋"产业结构的交通枢纽和调度中心，通过线上的消费者洞察和大数据分析，更好地服务于线下产业的设计生产和资源整合。总之，从微观来看，"互联网＋"是一场 C2B 驱动的逆流而上的价值链渗透、改造和颠覆运动，从消费端开始沿价值链向纵深渗透，逐渐改造价值链中的各环节和各主体，从而产生了不同创新程度的产业"互联网＋"现象和新型商业模式，最极致的创新则是企业资源端和消费需求端的全新发现和创造。

### 三、信息的自媒体化

互联网信息技术的发展，导致了人人都是自媒体，人人都可以发布信息和传播信息，那么什么是"自媒体"呢？其实，"自媒体"一词在英语中是"We Media"，较早是由美国新闻学会媒体中心谢因·波曼（Shayne Bowman）与克里斯·威理斯（Chris Willis）两人在 2003 年联合发表的《自媒体报告》中提出的。他们认为，"We Media"是一个普通市民经过数字科技与全球知识体系相连，提供并分享他们的真实看法、自身新闻的途径。[①] 也就是说，"所谓自媒体是指传播者通过互联网这一信息技术平台，以点对点或点对面的形式，将自主采集或把关过滤的内容传递给他人的个性化传播渠道，又称个人媒体或私媒体。"[②]

我国人口众多，加之当前入网人数更是在持续猛增中。据统计，中国网民已达 6 亿多，我国的"自媒体"在暴增，这意味着我国所形成的网络空间是巨大的，其能量也是前所未有的，每个"自媒体"都内含着一种能量，而且各个"自媒体"在不断地接触与融合，这种相互交叉所产生的能量更为巨大。

众所周知，传统上的媒体如电视、广播、报纸等，都是自上而下的一种传播方式，广大公众只能作为被动的信息接收者，及时传播也只局限于自身狭小的亲朋好友圈子，而"互联网＋"时代背景下，我们每一个人都可以是一个"媒体"，可以自由发表意见，自

---

① 邓新民：《自媒体：新媒体发展的最新阶段及其特点》，载《探索》，2006(2)。
② 申金霞：《自媒体的信息传播特点探析》，载《今传媒》，2012(9)。

由传播，并且在互联网信息技术的支撑下，其传播范围是前所未有的，可以在全世界范围内传播，并且其传播的速度惊人，甚至只需几秒就可以传遍世界。

"互联网+"的颠覆与融合还表现在社会人际交往中，互联网颠覆了传统的人际交往方式，正是这种"人人都是自媒体"的时代，使得人与人之间，即使是陌生人之间也可以自由交往，"互联网+"将彼此孤立的人们融合在一起。"互联网最大的颠覆性在于它实现了人与人、人与物、物与物之间的虚拟连接，既可以缩短地理距离，也可以缩短心理距离。有了互联网，陌生人之间的交流大大增强，信息流的交换空前频繁，同时降低了成本，可以实现快速扩容和低成本复制。"①当今生活中最典型的例子就是我们在淘宝上购物，我们可以发表我们的评论，还可以看到他人的评论，同时，也可以与卖家与其他买家直接交流，在这种种的交流沟通中，我们的购买欲望或减少或增加，该企业或店铺的声誉或高或低，其盈利额亦随之变化。由此我们可以看到，互联网信息技术所产生的"自媒体"，直接影响着企业的绩效。因此，在这样的空间，信息是透明的，信息越来越透明化，商业民主化趋势越来越强。

## 四、用户的中心化

美国的戴夫·柯本（Dave Kerpen）、特蕾莎·布朗（Theresa Braun）、瓦莱丽·普理查德（Valerie Pritchard）等人在其新书《互联网新思维——未来十年的企业变形记》中谈到企业的变形时，其中第一条就是"从企业的神坛走下来，积极回应和真正关心你的客户"②。"互联网+"时代背景下，一切都开始透明化，企业不再那么神秘，不再那么高高在上，相反，消费者的地位越来越高，互联网时代将是一个消费者主导的时代，用户需要、用户体验和用户权益至上。首先，用户的需要和需求可以引导企业的生产和销售，即C2B模式或C2F模式。其次，用户通过互联网渠道发声，自主自愿地参与到产品和服务的设计与传播中，成为企业的价值共创者。最后，用户之间也可以因兴趣、审美和特长等集结成群，会共同创造出商业价值，开发出全新的服务形式和商业模式。

因此，在"互联网+"时代背景下，任何企业要想长久地生存和快速地发展，必须以用户为中心，将其焦点聚集在自身产品和服务的质量和改进上。现在越来越多的企业在其整个流程上都将用户的体验放在第一位，不论是采集、生产、检验，还是销售、售后等，各个环节都极其尊重消费者的意见，让消费者随时随地都能找到企业，都能与企业进行自由沟通。当今"互联网+"时代背景下，消费者和企业都是可以自由发言和传播信息的"自媒体"，都有自身的话语权，但是，相比企业，消费者更有发言权，在

---

① 陈国嘉：《互联网+——传统行业跨界融合与转型升级新模式》，93页，北京，人民邮电出版社，2015。

② ［美］戴夫·柯本、特蕾莎·布朗、瓦莱丽·普理查德：《互联网新思维——未来十年的企业变形记》，钱峰译，140页，北京，中国人民大学出版社，2014。

"互联网＋"时代，消费者的话语占主导地位。

### 五、创业的长尾端化

"长尾端化"，从根本上来说，就是企业在"互联网＋"时代背景下，寻求定位的问题。传统企业的定位多是在小众，即少数的确定性的目标客户。对长尾理论有较深入且全面阐述的当属克里斯·安德森（Chris Anderson），2004 年，他在其《长尾理论》中指出："在网络世界有一个现象，那些少数热销的大众产品和众多冷门的小众产品，其市场份额呈现出一条带有长长尾巴的曲线，当把尾巴的所有冷门市场汇集起来，其市场能量可以超过大众产品的市场能量……"[①]

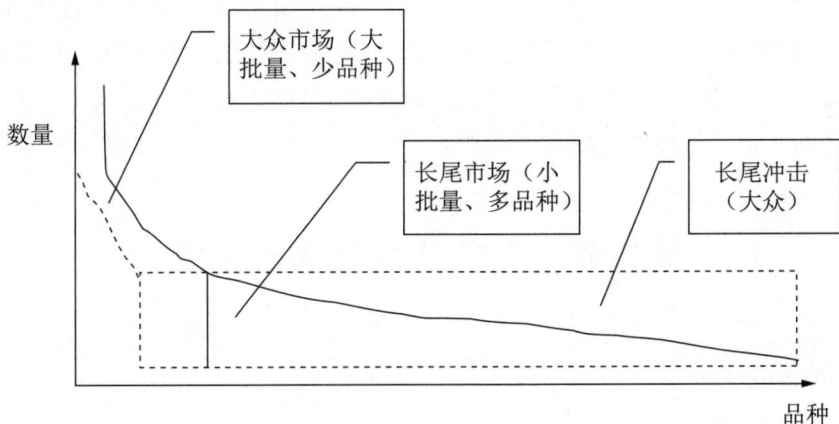

图 1-2　长尾曲线

由安德森的长尾曲线图（见图 1-2）可以看出，传统上的企业定位多在"短头"，即该图中最前端那部分，也就是大众市场，其特征是数量大、品种少。之后，随着经济的发展，人们的需求逐渐多元化，传统的"短头"开始拖着尾巴，而且越来越长，开始趋向小批量、多品种，越来越多的创业者把焦点定位在长尾人群。据调查显示，我国互联网网民构成如橄榄球，两头小、中间大，长尾人群即处于中间的中层收入群体，这些群体数量庞大，需求多样，其所具有的购买潜能巨大。[②] 此外，科学技术的发展使得企业进行这种小批量、多品种生产的成本大大降低，从而使得企业在"互联网＋"时代的竞争中遥遥领先，这种"大规模生产范式（Mass Production Paradigm）塑造了战后黄金时代的需求机会空间"[③]，这形成了"互联网＋"时代背景下创业的长尾端化方向，更成为创业者们积极创新的强大动力，用创意来满足人们日益增长的个性化需求。而且，从安德森长尾曲线

① ［美］吴霁虹·桑德森：《众创时代》，88 页，北京，中信出版社，2015。
② 王洪生：《"互联网＋"背景下运营商家庭市场的挑战与机遇》，载《山东大学学报》，2017(1)。
③ ［美］卡洛塔·佩雷兹：《信息通信技术、环境与需求增长：全球可持续发展"黄金时代"的引擎》，浦江创新论坛讲演实录，2010。

图可显然看出,这种长尾化还将进一步持续和扩大,未来将冲击到"全尾化"程度。

长尾取向的企业多是"小而美"的企业,倘若这些企业分散各地,那将极大地限制消费者浏览商品的数量及其商品的选择余地,因此,如何将这些长尾取向的众多企业汇聚在同一个大平台上,对企业、对消费者都是至关重要的。"互联网+"时代背景下,信息技术的迅速发展,各种平台企业一一崛起,因为"平台企业是汇集长尾力量的一个有效方法。例如,Google 将全世界的人和企业都汇集在一个知识创造与分享的大平台上;在中国,马云率先将各类中小企业汇集在阿里巴巴平台上,腾讯通过微信平台让无数个体绽放个性。已被或正在被颠覆的产业包括媒体、金融、消费品、酒店、出租车、餐饮、美容等,曾经的传统大众市场经济惨遭历史上最强悍的长尾力量的威胁"。①美国加州大学伯克利分校中美战略合作中心原主任,北京大学访问教授吴霁虹认为,当前的 C2C(即从客户需求到客户消费)商业生态圈就是长尾侵蚀大众、小鱼淹没大鱼的有效模式,她明确指出,在虚实交错的新世界里,O2O(即线上到线下)与 C2C 模式是相互融合的。正是这种融合的动态过程,构成了"互联网+"时代的商业生态圈体系。

# 第二节　创新艺术及生态系统

## 一、创新的艺术

### (一)创新的概述

维也纳精神病理学家维克多·弗兰克尔(Viktor E. Frankl)认为:"把自己的日常工作当作表达创造性价值的媒介,而不是当作花时间去挣钱,我们就会发现生存的一种充实而又激奋的方面……如果从创新的角度去对待我们的工作,人人都会获益。我们不但丰富了自己的生活,也使周围人的生存得到了充实。"②创新,离我们并不遥远,它可以发生在我们每个人身边,加之互联网技术的快速发展,让我们创新的机会越来越多,正如维克多·弗兰克尔所言,我们以创新角度对待我们的工作,对待我们的生活,那么这个世界所爆发出的能量将无比巨大。

那么,创新的源头又在哪里?恩格斯说:"社会一旦有技术上的需要,则这种需要就会比十所大学更能把科学推向前进。"③数学家戴维·希尔伯特(David Hilbert)说:"历史教导我们,科学的发展具有连续性。我们知道,每个时代都有它自己的问题,后来或者得以解决,或者因为无所裨益而被抛弃到一边并代之以新的问题。"他认为:"只

---

① [美]吴霁虹·桑德森:《众创时代》,90 页,北京,中信出版社,2015。
② [美]马斯洛等:《人的潜能和价值》,403 页,北京,华夏出版社,1987。
③ 《恩格斯致瓦·博尔吉马斯》,见《马克思恩格斯选集》第 4 卷,505 页,北京,人民出版社,1995。

要一门科学分支能提出大量问题，它就充满着生命力；而问题缺乏则预示着独立发展的衰亡或终止。"①创新来源于问题，而问题则来源于需要，社会、经济、科技各方面在发展，人们的生活水平不断在提升，需求逐渐呈现出多样化、高层次的趋势。列宁说："世界不会满足人，人决心以自己的行动来改变世界。"②因此，持续性的创新成为人类生存与发展的一项必然要求。

创新，汉语中该词义出自《大学》："苟日新，日日新，又日新。"在汉语词典中被解释为"创造新的从而抛弃旧的。"③而其英语单词是"Innovation"，该单词最初起源于拉丁语。"它的原意有三层含义：第一是更新；第二是创造新的东西；第三是改变。"④因此，从词源学角度分析，创新主要包括两个方面：一是主动创造的行为过程；二是不同于过去的新的事物。它是过程与结果的统一，创新的前提是要产生新思想，同时需要把这种新思想付诸实践，与实际行动结合起来。

美籍奥地利经济学家熊彼特(J. A. Schumpeter)是创新理论的奠基人。他在1912年出版的《经济发展理论》一书中首先提出创新的基本概念，形成最初的创新理论，之后又不断完善。其主要内容包括："①从生产函数出发，研究生产要素和生产条件的新组合；②创新是企业家的智能；③创新是将发明成果付诸实践的过程。"⑤具体来说，这些新的组合包括：引入一种新产品或者提供一种产品的新质量；采用一种新的生产方式；开辟一种新市场；获得一种原料或未来成品的新的供给来源；实行一种新的企业组织形式等。⑥ 由创新理论的奠基人熊彼特对创新的阐述我们可以看出，企业的创新不仅是产品或服务的创新，还包括很多内容，创新可以在一个企业的方方面面进行。

创新没有固定的模式，任何一种类型的存在都有其生存的根基，学者们探讨的各种创新类型之间并无绝对的优劣之分，实际中的应用则要根据企业具体的环境及其自身的特点来选择。

对于创新的类型，美国学者杰克·M. 卡普兰(Jack M. Kaplan)与安东尼·C. 沃伦(Anthony C. Warren)认为，创新有两大类：渐进创新和激进创新。他们根据这两大类创新得出创新的S曲线(见图1-3)。⑦ 由图中S曲线可看出，渐进式创新是在原来创新的

① ［美］康斯坦西·瑞德：《希尔伯特》，袁向东等校译，93页，上海，上海科学技术出版社，1982。
② 《列宁全集》第38卷，229页，北京，人民出版社，1959。
③ 《新华汉语词典》，196页，北京，商务印书馆，2004。
④ 王延荣主编：《创新与创业管理》，2～3页，北京，机械工业出版社，2015。
⑤ 李时椿、常建坤主编：《创新与创业管理：理论·实战·技能》，22～23页，南京，南京大学出版社，2014。
⑥ ［美］约瑟夫·熊彼特：《经济发展理论》，何畏等译，北京，商务印书馆，1990；［美］约瑟夫·熊彼特：《资本主义、社会主义和民主主义》，吴良健译，北京，商务印书馆，1999。
⑦ ［美］杰克·M. 卡普兰、安东尼·C. 沃伦：《创业学》第2版，冯建民译，24～25页，北京，中国人民大学出版社，2009。

基础上做进一步的改变，类似于我们今天手机或手机 APP、电脑或电脑软件程序的更新换代，主要是针对旧版本所存在的某些问题或人们的新的需求，从而做出针对性的修补和改进。激进式创新则是完全抛弃原来旧的版本或模式，重新另辟他处进行创新。

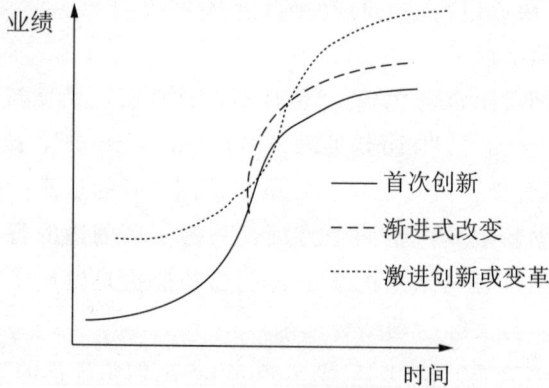

图 1-3　创新的 S 曲线

另外，亨德森（Rebecca M. Henderson）和克拉克（Kim B. Clark）（1990）用组件知识和系统知识的区别把创新分成四种类型，用一个二维的矩阵表示，横轴代表组件的变化，纵轴代表（系统）组合的变化（见图 1-4）。[①] 亨德森和克拉克两人对创新类型的划分不同于卡普兰和沃伦，他们认为除了渐进式和激进式外，还存在模组创新和建构创新两种类型，位于图 1-4 中右上方的"模组创新"，即保持原来的系统及其组合结构，仅仅推翻原系统中的某些组件等个别要素。"模组创新的一个主要特点是采用了新的组件，特别是新组件中含有新科技成分，新科技可能会改变整个系统中一个或几个组件的运作方式，但整个系统和其配置/结构都没有发生变化"。[②] 另一种类型建构创新，则位于图 1-4 中左下角，即系统内部的组件不做大的改变，而是在微调或巩固其基础上改变整个系统的组合方式，重新建构新的系统。亨德森和克拉克指出，建构创新的精髓就在于将原有系统中的组件进行重新整合，用一种新的方式将这些组件集成在一起。

| 未变化 | 组件/核心概念 | |
| --- | --- | --- |
| | 巩固 | 推翻 |
| 系统/组合 | 渐进式创新 | 模组创新 |
| 变化 | 建构创新 | 激进式创新 |

图 1-4　亨德森 & 克拉克的创新类型

---

① Rebecca M. Henderson，Kim B. Clark，"Architectural Innovation：The Reconfiguration of Existing Product Technologies and the Failure of Established Firms，"Administrative Science Quartery，vol35，1990(3)，pp. 9-30.

② ［英］大卫·史密斯：《创新》，秦一琼等译，31 页，上海，上海财经大学出版社，2008.

　　"互联网＋"时代背景下，创新被赋予了一些前所未有的新的特质，除了创新所一直具备的不同于旧的"新"特点外，还具有以下特质：①快速迭代性。创新不再是一个孤立的事件，而是一个整体的过程，其更新换代速度越来越快，呈现出可持续性创新，典型的案例如当前手机的更新，广受热捧的苹果手机换代速度更是如此。②难以复制性。互联网技术的迅猛发展，创新也越来越复杂，导致创新的模仿难度越来越高。同时，社会越来越推崇原创，原创性的产品和服务广受欢迎。因此，想对某个创新进行仿制的人也就失去了市场。③细微性。"互联网＋"时代背景下的创新更多的是从某个细节着手，这主要根源于人们生活水平的提高，其需求越来越精细，要求也越来越高，人们的需求变化推动着创新越加细微化和人性化。④草根性。互联网技术促使创新的主体多元化，数量呈几何数增加，在"互联网＋"时代背景下，政府倡导的"大众创业、万众创新"的主趋势，使得创新逐渐呈现出草根化现象。而且我国人口多，特别是青年人，加之他们能吃苦、干劲足，所以我国当前的创新带有显著的草根性。正如卡普兰所言："如今，创新已不是奢侈品，而是必需品。"

### （二）创新的合作艺术

　　创新，是人类特有的潜能，也正是创新的特质，使人类趋于用合作的方式去生存与发展。当合作成为人类的本能时，创新就成了人类独有的艺术。在"互联网＋"时代背景下，人与人、人与组织、组织与组织之间的联系日趋持久化和密切化，共同的生存利益将彼此牢牢牵系在一起。在创新的路上，合作的好坏与高低直接影响着这个命运共同体中的每一个人或组织，正如狄更斯（Dickens）所言："这是一个最好的时代，也是一个最坏的时代。"创新中合作的高效率能使整个时代前进很多；相反，一旦合作不力或毫无合作意识，那么整个社会将会迅速倒退。

　　合作，亦是创新的奥秘所在。对创新奥秘与艺术的诠释不同，人们的行为取向也必然不同，其行动所带来的价值大小、消极与否都将完全不同。著名的萨根实验就足以说明创新中合作的奥秘，所谓萨根实验是这样的：一个装有很多水的非常大的桶，往桶里加进去一些不同寻常的物质——四大桶碳（碳元素），一桶粉笔（钙元素），一小桶钉子（铁元素）和一瓶液氮，然后搅拌。他告诉人们大桶中所放物质的元素种类和比例与人体是一样的，但是为什么这些元素就造不出人类呢？到底把这些元素混合在一起与一个真实的人有什么差别？最终，萨根注意到"生命的本质远远不是由原子和小分子以一种简单方式拼凑在一起"①。换言之，当你把各种原材料拼凑在一起的时候，你需要一种独特的秘方来把这些元素变成特别的东西，要准备着去创造比拼凑材料更伟大的东西。"个体的人就是游弋在人类社会这个复杂生物系统中的原子，创新就像是生命的火花，将人类'原生汤'中具有思想、才能与资金的人组合在一起。但是，这些元

---

　　① ［美］维克多·黄、格雷格·霍洛维茨：《硅谷生态圈——创新的雨林法则》，诸葛越、许斌等译，8页，北京，机械工业出版社，2015。

素必须以正确的方式混合在一起，便于它们之间相互发现与连接。当从空中俯瞰时，人就像是移动的颗粒并相互进行碰撞；而硅谷或者其他地方的雨林就是一种环境，能够鼓励分离的人们自行组织称为生物生命的伟大形式。"①

## 二、创新的生态系统

### （一）共生创新

随着互联网技术的发展，个体之间的距离在逐渐缩小，身处的世界也让我们自身及所处的环境越来越透明化，让我们真正体会到古代诗人曾经的感慨："海内存知己，天涯若比邻。"互联网让我们彼此之间的联系更加便捷和广阔，这也就意味着我们彼此逐渐"相依为命"。正如习总书记2015年在乌镇互联网峰会上强调的"网络命运共同体"一样，而网络的存在促使我们必须不断地创新，只有创新，该命运共同体才会一直流淌着新鲜的血液。因此，今天的创新，已不再是单个个体独立的行为，而是关系整个共同体。更为重要的是，成功的有价值的创新往往都是由个体之间彼此合作共创所产生的。

"共生，是指事物之间相互依存、相互制约、互利互惠、协同发展的一种动态关系。共生普遍存在于自然界和人类社会之中，存在于技术与经济、社会、人类及自然之间的相互作用之中，是人类社会与自然界能够可持续发展的客观基础和动力来源。"②共生创新不是一个孤立的要素，而是一个动态化的系统。共生创新系统，以创造出最大的价值为目标，其内部各个事物之间相互促进、相互依赖，将各类不同的主体、资源汇聚并按一定的方式组合，从而形成强大的充满巨大能量的命运共同体。赵志耘、杨朝峰两位学者对共生创新的基本要素和特点做了具体分析：共生创新由共生创新单元（即创新主体包括大学、科研机构、企业、供应商和顾客）、共生创新环境（包括经济、社会和政策环境）、共生创新基质（即彼此间的吸引力）、共生创新界面（包括信息共享机制、物质交换机制和利益分配机制）四个要素组成。其具有自组织性特点，能够自发的形成与运作，并进行协调；具有整合性特点，汇聚并整合各类资源实现价值最大化；具有共担特点，各个主体协同创新，共担责任，共享成果；具有反馈特点，信息的双向流动可使企业、用户等各个利益相关者之间充分并及时沟通。③

海尔集团的创新活动就是共生创新的典型案例：海尔以"企业平台化、员工创客化、用户个性化"的全新战略，推动企业由封闭的组织变革为开放的共生创新系统。在这个系统中，企业由内外的研发团队、供应商、顾客基于不同的市场目标结成小微，

① ［美］维克多·黄、格雷格·霍洛维茨：《硅谷生态圈——创新的雨林法则》，诸葛越、许斌等译，17～18页，北京，机械工业出版社，2015。
② 郭淑芬：《基于共生的创新系统研究》，载《中国软科学》，2011(4)。
③ 赵志耘、杨朝峰：《创新范式的转变：从独立创新到共生创新》，载《中国软科学》，2015(11)。

风险共担，利益共享，共同创造用户价值。首先是在产品的设计、研发、制造和更新换代等全生命周期方面，以一种开放交互的姿态，让消费者全程参与，即在网上与用户互动产品创意和用户体验，又在用户一线面对面摸清消费者需求；其次与供应商深度交互，并让供应商参与客户交互和前端设计，根据海尔提供的模块接口，以此形成模块化解决方案；最后是全力整合全球一流研发资源，以最快的速度实现创新，快速、低成本、高质量地给用户提供超值的产品和服务。海尔的组织转型和共生创新突破了企业创新资源和能力的限制，促使创新主体之间通过信息、资金、人才、技术以及品牌等资源的共享来降低创新成本，分担创新风险，提高创新绩效。2014 年，海尔集团全球营业额为 2007 亿元，利润达到 150 亿元，线上交易额实现 548 亿元。欧睿国际调查显示，海尔大型家用电器 2014 年品牌零售量占全球市场的 10.2%，连续六年全球第一。①

作家萧伯纳讲述过一个故事：如果我有一个苹果，你也有一个苹果，那么当我们交换之后我们仍将各自拥有一个苹果。但如果我有一个想法，而你也有一个想法，当我们交换之后，我们每个人都将有两个想法。显而易见，交换思想所遵循的法则不同于管理现实物体的法律法规。②

创新，在同一个命运共同体中创新，是创新发展的高级阶段，在这个共同体里，共创与共享是最为基本的准则。正是基于当前"互联网＋"时代背景下创新范式的转变，才诞生出了众创空间，创新也从传统的个体活动转向创新系统，并进一步走向创新雨林。

### （二）创新雨林及其法则

创新生态系统，是以生态学的角度分析创新系统的各个要素的特质及其相互之间的关系。对此，美国企业家维克多·黄（Victor W. Hwang）、格雷格·霍洛维茨（Greg Horowitt）等提出了更为形象和深刻的比喻，即创新的"雨林模式"，不同的比喻，不同的思维，不同的法则。当听到这个词时，浮现在我们眼前的定是一大片茂密的热带雨林，有着充足的阳光、水分，纯净的空气，多种多样的物种。人类本就是一种生物，那么人类社会就是一个生物系统，一个生物系统定是在一个类似于热带雨林的空间中运转。两位学者在其著作中还曾把雨林与农场做了一番有趣的对比，从而得出雨林所独有的特质："当我们想到创新系统时，最大的生产力来自类似雨林的环境而不是农场。本质上，雨林发挥作用的原因不在于原始的碳、氮、氢、氧原子的单一存在，它能够繁荣兴旺的原因主要在于把这些元素融合在一起从而创造出全新且不可

---

①　赵志耘、杨朝峰：《创新范式的转变：从独立创新到共生创新》，载《中国软科学》，2015 (11)。

②　最早的引用源是 Phi Kappa Phi Journal，Volumes32～34（Honor Society of Phi，March 1952），Google books(italics added)，转引自［美］维克多·黄，格雷格·霍洛维茨：《硅谷生态圈——创新的雨林法则》，诸葛越、许斌等译，283 页，北京，机械工业出版社，2015。

预料的动植物群。雨林是一个具有独特品质的环境，空气、土壤中的给养素、温度都有可能催生出新的动植物物种，远远大于这些元素的综合。雨林把无生命的无机物创造成为欣欣向荣的有机物系统。"雨林这种强大的特有功能，对我们进行创新时需要考虑的因素有着重要意义。"自然界的雨林不会预先决定有价值的新物种的进化，但是会提供恰当的环境来培育偶然发现的进化过程。在雨林中，最有前途的生命形态以一种不可预测的方式出现在非常富饶的环境中……当我们想起创新系统，不应该只是推动单一创新的存在，而是应该设计与构造出适当的环境来激发创新的产生与繁荣。"①

要想在"创新雨林"中顽强地生存与发展，必须要遵循该雨林模式中的"雨林法则"。② 维克多·黄和格雷格·霍洛维茨两位著名企业家的十四条热带雨林公理全面、形象地阐述了众创空间中的自由、平等、开放、共享与共赢的空间文化。该空间是一个自组织，除了基本法律底线外，它不需要任何外加的强制力。雨林空间中充分的自由会创造出一种井然有序的秩序，它所形成的对空间中的每个个体的规则仅是："突破规则、追求梦想；敞开大门、倾心聆听；信任与被信任；实验和迭代；寻求公平而不是优势；犯错、失败、坚持；让爱传出去。"③维克多·黄与格雷诺·霍洛维茨坚信，雨林配方是有效的，因为它帮助并解放大家去合作，他试图克服那些分离大家的习惯。有趣的是我们能在自然界找到强大的同类。正如天体物理学家埃里克·珍驰（Erich Jantsch）写道："简单的、耗散结构的自然动力教给我们在人类世界里我们为之绝望的乐观原则：自我组织中的自由越多，秩序越多。"④处于该空间中的每一个个体之间是"零和界限"，并且都必须融入这样的空间文化中，去遵循这些非正式的准则，只有这样，众创空间的"雨林"才会不断喷发出巨大能量，"雨林"的生物品种才会更加多样化，其数量亦更加繁多。今天众创空间中的草根企业不断崛起，这就像热带雨林公理1所强调的，在雨林中，野草是不容忽略的一种重要的生物，一棵小野草的支柱极有可能是整个生态环境中最有价值的新植物。

创新精神是大学生最重要的素质之一，对其他素质的提升起到有力的促进作用。创新教育与创业教育不可分离，二者必须融合在一起，贯穿教育教学全过程。培养大学生的创新精神和创造性思维是创新创业教育的重要任务。在"互联网+"时代，我们不仅要培养学生利用互联网技术的能力，而且更要注重培养大学生的互联网创新思维。

---

① ［美］维克多·黄、格雷格·霍洛维茨：《硅谷生态圈——创新的雨林法则》，13 页，诸葛越、许斌等译，北京，机械工业出版社，2015。

② 同上书，14～130 页。

③ 同上书，212 页。

④ Erich Jantsch, *The Self-Organizing Universe：Scientific and Human Implication of the Emerging Paradigm of Evolution*, Oxford, Pergamon Press, 1980, p. 40.

## 第三节　创业过程及生态系统

### 一、创业过程

#### (一)创业概述

杰弗里·蒂蒙斯(Jeffry A. Timmons)说："我们正处在一场静悄悄的大变革中——它是全世界人类创造力和创业精神的胜利，我相信它对 21 世纪的影响将等同或超过 19 世纪和 20 世纪的工业革命。"①随着互联网技术的发展和网络时代的到来，我们已经进入"大众创业、万众创新"的阶段。创新与创业将成为 21 世纪的一场重大革命。

创业，顾名思义，即创建基业。该词在英语中则是"Entrepreneurship"，其词根来源于"Venture"，具有冒险、风险之意。由此可以看出，创业在整个动态过程中具有一定的风险。这也就决定了创业者必须具备一定的冒险精神和魄力。对于创业，可谓仁者见仁，智者见智。熊彼特认为，创业就是实现创新的过程，创业者进行创新活动实际上就是将各种生产要素进行新的组合。哈佛大学著名创业学教授史蒂文森(Steven-son)将创业定义为：创业是不拘泥当前资源条件的限制下对机会的追寻，将不同的资源组合，以利用和开发资源组合创造价值的过程。② 综合来看，创业一般是指创业者积极识别和寻找有利商机，通过对各种资源进行创新性地整合与利用，从而有针对性地提供产品和服务，以满足消费者的需求，为企业、消费者和社会创造价值的系统化过程。

创业者，亦即参与到创业过程的主体，也被称为"创客"，可以是单个个体，也可以是一个团队，英文来自"Entrepreneur"，在《21 世纪大英汉词典》里有三种含义："1.(工商)企业家，实业家；2. 承包人，包办人，承揽人；3.(任何活动的)主办人，倡导者。"虽然我们一般采用第一种含义，但是该词的每一个含义都蕴含着创业者在创业过程中的必备要素：一是主体基础，即积极勇敢的人。创业有风险，创业者必须能够勇于冒险，敢于承担各种风险。二是思想基础，即创新驱动型思维。创业者，必须是开创者，开创，就必须创新，突破旧的模式。在整个的创业过程中都是以创新型思维作为创业活动和企业成熟期运作的驱动力。三是物质基础，即资金和新技术。创业资金是必需品，新技术是根基。当今科学技术快速发展，技术的更新换代速度更是前所未有，要想在 21 世纪成功创业，必须以技术为核心。新技术是创业者进行创业的竞争力所在，

---

① ［美］杰弗里·蒂蒙斯、小斯蒂芬·斯皮内利：《创业学》第 6 版，周伟民、吕长春译，4 页，北京，人民邮电出版社，2005。

② 李时椿、常建坤主编：《创新与创业管理：理论·实战·技能》第 4 版，24～25 页，南京，南京大学出版社，2014。

"互联网+"创业更是如此。四是组织基础，即创客团队。创客，指不以营利为目的，把创意转变为现实的人。"创客"这个词译自英文单词"Maker"，源于美国麻省理工学院微观装配实验室的课题，此课题以创新为理念，以客户为中心，以个人设计、个人制造为核心内容，参与实验课题的学生即创客。"创客"特指具有创新理念、自主创业的人。成功的创业不是一个人的努力，而是一个团队的努力。从创业绩效看，团队创业无论是成功率还是新创业的绩效表现，都要比个人创业好得多。① 在创业崎岖漫长的路上，一个以创新、合作为宗旨的创客团队是创业过程中不可或缺的组织基础。五是环境基础，任何一个组织的生存都离不开其所处的大环境，对于一个孕育期或刚诞生的组织更是如此。大环境中最为重要的当属政府政策环境。当前"互联网+"时代，我国政府大力倡导互联网创新创业，积极投入资金与技术支持，鼓励大众创业。这对于那些想要创业或正在准备创业的人们来说，可谓是巨大的推动力。

"大众创业、万众创新"简称"双创"，最早是由我国李克强总理在 2014 年 9 月的夏季达沃斯论坛上提出的，他建议要在 960 万平方公里的土地上掀起"大众创业""草根创业"的新浪潮，形成"万众创新""人人创新"的新势态。此后，他在首届世界互联网大会、国务院常务会议和各种场合中频频阐释这一关键词。2015 年，李克强总理在政府工作报告中又提出"大众创业、万众创新"这一概念，指出"既可以扩大就业、增加居民收入，又有利于促进社会纵向流动和公平正义"。

当下"人人都可以是企业家"的时代里，创业者已经被揭去神秘面纱，在倡导"高校创新创业教育"的年代里，我们都能得到创业素质的培养。一批批杰出的"80 后""90后"创业者的诞生，更是印证了创业能力可以后天习得。创业教育创始人之一彼得·德鲁克说道："创业并不是魔法，也不神秘。它与基因没有任何关系。创业是一种训练，而就像任何一种训练一样，人们可以通过学习掌握它。"另一位创业教育专家布罗克豪斯（Brockhouse）在《企业家精神与家族企业的比较研究》一文中指出："教一个人成为创业者，就如同教一个人成为艺术家一样。我们不能使他成为另一个凡·高，但是我们却可以教给他色彩构图等成为艺术家必备的技能。同样，我们不能使它成为另一个布朗森，但是成为一个成功的创业者所必需的技能、创造力等却能通过创业教育得到提升。"②2000 年美国学者查尼（Charney，A.）和利贝卡（Libecap，G. D.）对亚利桑那大学创业教育的跟踪调查表明，参加创业教育的毕业生平均创业能力是未参加创业教育毕业生的 3 倍；创业学专业毕业生自己开办的公司或雇用他们的那些初创型公司，在销售额与员工数量的增长上比那些非创业学专业毕业生所在的公司约高 5 倍；创业学专

① Lencher T, "Social Interaction: A Determinant of Entrepreneurial Team Venture Success," *Small Business Economics*, 2001, 16(4), p. 263.

② 李时椿、常建坤主编：《创新与创业管理：理论·实战·技能》第 4 版，75 页，南京，南京大学出版社，2014。

业毕业生的平均工资、年收入比非创业学专业毕业生高出 27%，毕业后聚积的个人财富比其他专业学生要高出 62%。①

由此可以看出，创新和创业能力确实是可以通过具体的创新创业教育来训练和培养起来的。具体的教育和培养方式因各个学校和地区的差异而有所不同，我们在本书中后面的篇章里也会以杭州师范大学创新创业教育的"杭师模式"为例，对此观点进行阐述。

## （二）创业过程分析

对创业过程的分析和阶段的划分，不同的学者选择的视角不同，划分方法亦不同。最为著名的有蒂蒙斯模型、威克姆模型、卡普兰＆沃伦的创业五阶段。

第一，蒂蒙斯模型：理论与实践在现实世界中的冲突。

杰弗里·蒂蒙斯是美国著名创业学领域学者，他是富兰克林·欧林创业学杰出教授和百森商学院"普来兹－百森商学院伙伴项目"主任。他与小斯蒂芬·斯皮内利在《创业学》一书中提出蒂蒙斯创业过程模型。② 他们认为，在整个发展和变革的时代，创业学始终信奉着一条核心原则：在探索创业过程中更高层次的知识和更有效的学习方法的每一步中，都必然存在着学术理论和现实实践之间的理论与实践的冲突。这种冲突的存在与解决，最为根本的在于创业过程中进行价值创造的驱动力，这种核心的驱动力主要包括商机的驱动、创业带头人和创业团队的驱动、节约和创造资源的驱动。这些驱动力之间处于不断地相互作用中，或平衡，或失衡，但不论呈现出怎样的境况，它们之间总是一个整体。蒂蒙斯以网景公司为例来进一步详细探讨创业过程。具体模型如图 1-5 所示。

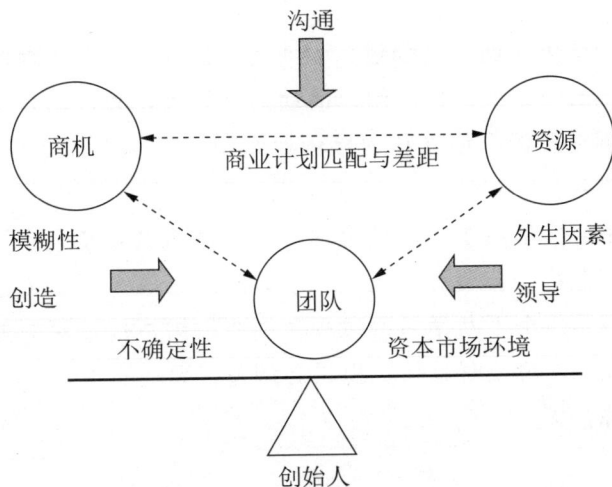

图 1-5 蒂蒙斯创业过程模型

① Charney A，Libecap G.D.，"Impact of Entrepreneurship Education,"*insights*：*A Kauffman Research Series*，Kauffman Center for Entrepreneurial Leadership，2000.
② ［美］杰弗里·蒂蒙斯、小斯蒂芬·斯皮内利：《创业学》第 6 版，周伟民、吕长春译，31～39页，北京，人民邮电出版社，2005。

其中，商机是创业过程中的核心驱动力；资源要创造也要节约；创业团队是高潜力企业的关键要素。"投资者们很容易被向米奇·凯帕、史蒂芬·乔布斯、弗雷德·史密斯等有创造力的公司创业带头人所吸引……而且这些投资者愿为拥有优秀业绩记录、万众一心的管理团队下赌注"。① 除此之外，蒂蒙斯还特别注重这些驱动力之间的匹配与平衡问题，他们深入剖析网景公司，在图1-5模型的基础上衍生出网景公司创业过程经历中的四个不同时期：从最初阶段的极不平衡阶段到风险投资注入后趋向平衡，再至首次公开上市后达到新的平衡，最后到当前的新的不平衡。两人通过如此细致的分析后还得出"谁是创业者"的判断图（见图1-6）。②

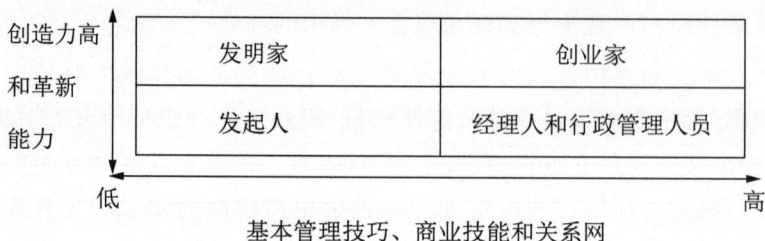

图 1-6　谁是创业者

由图1-6可看出，要想成为一名成功的创业家，不单只是一个发起人，还需要像发明家那样的创造力和革新能力，具有创新性思维；同时还要具备经理人和行政管理人员那样的高水平的基本管理技巧、商业技能和关系网。同时，我们也通过该图看出，创业家在创业过程中的地位和作用。

第二，威克姆模型。

菲利普·威克姆认为，创业过程包括创业者、机会、资源、组织四个要素，其中创业者处于创业活动的中心地位，是创业活动的主导者，其作用在于识别和确认商业机会，整合和管理创业资源，创立和领导创业组织。其基本任务是有效地管理机会、资源和组织之间的关系。③

创业者管理的中心实施组织不断适合所要开发的机会，整合资源已形成组织，将资源集聚于追逐的商业机会。资源、机会、组织间的动态平衡是创业者有效管理的目标。同时，创业过程是一个不断学习的过程，创业组织不仅要对商业机会做出及时的反应，还要根据变化的情境及时总结、积累与调整，要通过"干中学"，在不断的成功与失败中学习和锤炼。

---

① William D. Bygrave and Jeffry A. Timmons, "*Venture Capital at the Crossroads*," Boston, Harvard Business School Press, 1992, p. 8.

② ［美］杰弗里·蒂蒙斯、小斯蒂芬·斯皮内利：《创业学》第6版，周伟民、吕长春译，38页，北京，人民邮电出版社，2005。

③ 李时椿、常建坤主编：《创新与创业管理：理论·实战·技能》第4版，34页，南京，南京大学出版社，2014。

第三，卡普兰 & 沃伦的创业五阶段。

美国两位创业学教授杰克·M.卡普兰与安东尼·C.沃伦将创业的过程分为五个阶段，这五个阶段是对创业过程的高度概括，他们明确指出每个关键阶段都包括一项最为核心的活动，这项活动又包括三到四个具体活动（见表1-1）。[①]

表 1-1 卡普兰 & 沃伦创业五阶段

| 阶段 | 活动 |
|---|---|
| 阶段1<br>识别商机 | ● 创新并勾画愿景<br>● 进行市场分析和市场研究<br>● 评估竞争状况<br>● 定价和销售战略的研究 |
| 阶段2<br>计划的制订和企业的设立 | ● 确定目标<br>● 开始制订计划<br>● 新流程和技术的调研<br>● 确定价格、市场和分销渠道 |
| 阶段3<br>确定融资渠道 | ● "自助成长型"公司<br>● 保障早期所需资本<br>● 保障增长所需资本 |
| 阶段4<br>确定所需资源和计划的实施 | ● 确定许可证、专利和版权的价值<br>● 增长的组织准备<br>● 制定一种可使价值最大化的商业模式<br>● 管理资金 |
| 阶段5<br>创业的评估和回报 | ● 准备一份完整的商业计划<br>● 讨论备选方案<br>　——出售或合并<br>　——上市<br>　——形成战略联盟<br>● 沟通 |

## 二、"互联网＋"时代创业生态系统

### （一）"互联网＋"大学生创业模式

一个时代，一种思维。不同的时代，会有不同的技术产生。互联网时代，呈现出前面所述的各种新的时代特征，这些新特征决定了我们必须突破传统思维模式，以一种新的思维模式——互联网思维，才得以在"互联网＋"时代生存并制胜。

---

① ［美］杰克·M.卡普兰、安东尼·C.沃伦：《创业学》第2版，冯建民译，7页，北京，中国人民大学出版社，2009。

　　"互联网＋"时代决定着当今高校大学生创业模式的变化，高校大学生要想在 21 世纪成功创业，就必须积极拥抱互联网，在现代"互联网＋创业"的过程中，运用互联网思维，发挥自己的聪明才智。有学者对"互联网＋"时代里大学生的创业模式进行了分类："根据对互联网本身的一次开发以及其作为技术载体的二次或三次开发应用，结合创业创新理论以及'互联网＋'对大学生的创业模式进行新的划分与定义，我国大学生的创业模式主要分为基于互联网技术本身的创业模式，基于'互联网＋'的创业模式和基于物联网导向的创业模式三种。"①徐明特别指出，基于"互联网＋"的大学生自主创业模式，是指互联网信息技术的发展，使得互联网创业的成本和进入门槛都大幅度降低，这样导致高校大学生越来越倾向于选择将互联网作为技术平台来进行创业。此外，还有更重要的一点，"互联网＋创业"相比传统的创业，最为突出的一点就是它更强调创新的重要性。因为在"互联网＋"的时代，创新，是其生命力所在，是维持其生命的源泉，更是其向上发展的动力。而高校大学生正是一群朝气蓬勃、勇于拼搏、个性张扬并且拥有创新头脑的新一代的创业者。

## （二）"互联网＋"时代的大学生创业过程

　　对创业过程的探讨，有的学者采用模型分析，有的则从具体的步骤分析，无论从哪个角度分析，没有最好的，只有最合适的。当前我国处于"互联网＋"时代背景下，创业的过程会带有我国的时代特征。因此，我们在借鉴卡普兰 & 沃伦创业五阶段理论的基础上，结合我们前面分析的"互联网＋"的一系列时代特征，来探讨我国目前的创业过程。

### 1. 识别商机：用户思维与痛点思维

　　俗话说，好的开始是成功的一半。在创业上则更是如此，商机对于创业者来说是一个关键的突破口，这一阶段的成败直接决定着整个创业的兴衰。而要在第一阶段上取胜，则必须以互联网思维中的用户思维与痛点思维去思考和鉴别商机。用户思维，即以消费者的需求和体验至上。今天的时代，各类小企业如海浪般崛起，但是与其说是企业的时代，更不如说是消费者的时代。举一个我们身边的简单例子，网购逐渐成为越来越多的人的首选，当我们需要买某个产品时，便打开网络浏览各个相关购物网站。当打开该产品的网页时，我们很多人都是简单粗略看完产品后，接着总会花更多的时间去仔细看该商品的评论，打开图片看"买家秀"，去直接对该商品的所有买家提问。因为作为消费者，我们更倾向于相信我们同一群体的话，当看到差评时或收到其他已使用过的买家发送来不建议购买的信息时，则会迅速打消在该店购买该商品的念头。从这个我们日常生活中的例子看出，在"互联网＋"的时代里，消费者掌握着话语主动权，而且话语的扩散力在互联网技术的依托下迅速增强。而传统的上街进店购物过程中，消费者则处于被动地位，消费者之间也没有任何联系，有的仅仅是在消费者私

---

① 徐明：《"互联网＋"时代的大学生创业模式选择与路径优化》，载《中国青年研究》，2015(5)。

人小圈子范围内传播有关该店及其该商品的信息。但现在互联网的出现，网购越加普遍，用户思维也越加重要，这就使企业不仅要关注产品的性能，而且还要为用户提供售前售后的服务。正如美国学者兼创业者戴夫·柯本等人在《互联网新思维——未来十年的企业变形记》一书中所指出的，"用户思维，即打破企业与消费者的疆界，实现商业民主化。"①他们认为，在移动互联网时代，企业与消费者之间已经没有隔阂，企业的产品以及服务，消费者的需求以及对产品和服务的体验都开始透明化、公开化，彼此之间的对话与互动开启了商业逐渐民主化的新篇章。

戴夫·柯本等人在强调移动互联网时代用户思维的基础上，进一步提出三个法则②。法则 1 是倾听：从说服到倾听，找到客户所关心的，而非你认为重要的。放下姿态，主动倾听消费者的心声，才能获得更多信息，了解你的顾客以及潜在顾客的需求点和痛苦点，从而确定商机，定位企业的产品特质，用服务和产品帮消费者解决问题，并与其建立新的牢固关系。理查德·利维琛（Richard Levychin）对倾听曾详细阐述过，他把倾听的艺术分解为四个组成部分：探索、感受、亲密和映射。首先，探索，对于你要接触的人和公司，尽可能多的获取他们的背景信息；其次，感受：当别人说话时倾听自己的感受，与感受紧密相关的是建立起并保持亲密感，对于倾听的过程来说，这亦是相当重要的；再次，映射，向对方展示你是在真正倾听，用语调和肢体语言反映出你在听别人讲话；最后，社交倾听：内部倾听＋外部倾听。在所在企业内部学会倾听的同时，更不能忽略对外部环境中各个主体，特别是各个利益相关者的倾听。法则 2 是参与感：通过讲故事打破与用户之间的界限，实现消费民主化。罗伯特·麦咖啡·布朗（Robert Mcafee Brown）明确指出："在当今移动互联网时代，向世界表达观点的最有力方式就是讲故事。"③讲故事，能够快速地将企业与顾客联系起来，从而引起情感上的共鸣，这样更有助于增强彼此关系的牢固性。故事，不仅仅限于企业的故事，还包括消费者的故事，或社会上某个典型事例或典型人物。如此，企业与消费者之间便能够更大程度地分享各种故事，特别是企业的创业的故事，对消费者影响深远。法则 3 是打造"以客户为中心"的企业价值链，以真诚的态度保持线下线上的高度一致：要建立这种企业价值链，就必须以真诚为根基，真诚生产、真诚待顾客、真诚待员工。从企业创始人、领导人自身做起，从而逐渐将"真诚"融入企业的价值文化中，进而影响到消费者，大家彼此以诚相待，企业线下线上服务态度一致，只有如此，企业才能真正建立起"以客户为中心"的价值链。

痛点思维，其实也就是用户思维的一个延伸，亦是用户思维中最为核心的一个点，

---

① ［美］戴夫·柯本、特蕾莎·布朗、瓦莱丽·普理查德：《互联网新思维——未来十年的企业变形记》，钱峰译，2 页，北京，中国人民大学出版社，2014。

② 同上书，2～38 页。

③ 同上书，18 页。

即寻找用户的需求点，寻找用户的痛苦点。只有遵循美国学者戴夫·柯本等人提出的三条法则，才能让我们更快速、更准确地寻找到用户的痛点，从而使所创立的企业生产出的产品或提供的服务能够有效地帮助和解决消费者的痛苦点。最为典型的例子就是滴滴出行软件，解决了人们出行难、打车更难的问题，同时也在一定程度上有效地缓解了交通拥堵和废气污染等环境问题。

2. 抓住时机：政策思维与迭代思维

创办企业，并不是一个孤立的事情，它深受其所处的环境影响，特别是当前政府政策的影响。而我国当前对互联网创新大力支持，在第十二届全国人民代表大会第三次会议开幕会上，李克强总理在政府工作报告中提到：制订"互联网+"行动计划，推动移动互联网、云计算、大数据、物联网等与现代制造业结合，促进电子商务、工业互联网和互联网金融健康发展，引导互联网企业拓展国际市场。国家已设立400亿元新兴产业创业投资引导基金，要整合筹措更多资金，为产业创新加油助力。此外，国家对高校创新创业教育也高度重视，颁布出各项政策，大力支持高校的创新创业教育。各个高校根据自身特点及其所处地区环境的具体情况对大学生进行创新创业教育的同时，也应积极学习和借鉴国外高校的创新创业教育的经验教训（我们将在第二章对此做详细阐述）。

本·富兰克林（B. Franklin）说过："当你停止改变的时候，你这人也要完了。"因此，企业要准确迅速地抓时机，除了需要具备政策思维，更需要一种迭代思维，即快速迭代、快速适应、快速反应。"迭代思维意味着企业必须实时并及时地关注消费者的需求，对消费者的需求变化做出快速反应，从消费者的细微需求入手，以人为核心，循序渐进地在持续迭代中不断完善产品与服务，让企业的适应性更加敏捷，才能在互联网时代不被淘汰，找到属于自己的一席之地，不断地去适应顾客千变万化的需求。"[①]互联网代表着人类社会中变化最快的市场领域，适应性成了生存的关键。事实上，在对世界500强企业的营销人员进行的一次调查中，94%的人认为，快速适应变化的能力是互联网时代成功的最关键因素[②]。我们所讲的快速迭代并不是完全抛弃过去，盲目求新，而是在过去的基础上，寻求进一步的突破点和完善点。正如埃里克·里斯（Eric Ries）在《精益创业》一书中，提出有支点的互联网转型，他将转型描述为在坚定某一理念的同时改变方向的能力。与战略上愚蠢的冒险跳跃相反，有支点的转型会以先前的宝贵经验为杠杆。

3. 集聚资源：大数据思维与平台思维

"互联网+"时代，最为显著的特征之一就是大数据，很多学者和企业家都普遍把

---

① [美]戴夫·柯本、特蕾莎·布朗、瓦莱丽·普理查德：《互联网新思维——未来十年的企业变形记》，钱峰译，68页，北京，中国人民大学出版社，2014。

② 同上书，83页。

"互联网＋"时代称为"大数据时代"，足见数据的重要性。因此，我们处于互联网时代，面对海量的数据，不是置之不理或囫囵吞枣，而是要从海量数据中寻求和挖掘对自己有用的信息。"大数据"就像一个大宝库，任何人走进去都能得到自己想要的东西。例如，从大量的网络购物者的浏览足迹、购买记录等数据，就可推测出该消费者近期的需求以及消费倾向，从而有针对性地向其推出产品和服务。

企业集聚资源，除了需要具备大数据思维，还需要具备一种平台思维。这种平台包括两个方面。一个是企业内部员工平台，即创造一个平等自由的内部平台，尊重每一个员工的智慧，让每一个员工都能够在这个平台上大胆创新，充分发挥自己的聪明才智。"互联网的平台思维就是开放、共享、共赢的思维，这就意味着要把企业打造成一个开放的、多方共赢互利的生态圈。这个平台不仅要成为企业与消费者、供应商等联系的平台，还要成为员工发挥最大潜能的平台，甚至是一片属于自己的微创新、微创业的小天地。而这一切都将围绕着如何打造企业内部'平台型组织'而展开。"①摒弃官僚主义文化，积极营造出一种创新开放的企业文化氛围，凝聚每一个个体的能量。另一个则是外部平台，创造企业与顾客、政府部门、竞争对手、合作者、媒体等各个利益相关者的平台，使多方有机会彼此沟通对话，彼此都有发言权，从而营造出一种合作共赢的大平台。

4. 寻求定位——标签思维与简约思维

特色，是企业生存与竞争的利剑。特色，从根本上讲，就是企业最初的自身定位。企业在自身定位问题上首先应具备标签思维，即让自身的产品和服务在某一个方面最具竞争力，当人们提到某方面的需求时，最先想到的就是你的品牌。它已成为企业的标签，如洗发露的品牌定位：飘柔，带给女性超级柔顺体验；海飞丝，免除消费者头屑头痒的烦恼；潘婷，有效护理发根，营养头皮。

另外，简约，是当今时尚的趋势。《营销周刊》的一份最新调查显示，消费者有87％的可能性会给朋友推荐他们认为简单的品牌，而不是复杂的品牌。② 最为典型的当属苹果手机，其屏幕的款式与颜色都极其简洁，最为显著的是其只有一个键，如此的简洁却得到各个国家人们的热捧，正如史蒂夫·乔布斯所言："人们以为专注的意思就是接受你必须关注的东西，但那完全不是专注的意思。专注意味着要拒绝其他上百个优秀的想法，你必须很仔细地挑选。对于我们没有做的那些事情，我真的像对已经做的那些事一样感到骄傲。创新就是拒绝数千件事。"③当前信息时代，消费者面对的信息日益庞杂，无形中增加了选择的难度与做出决定的时间长度。简约思维，就是要让消

---

① ［美］戴夫·柯本、特蕾莎·布朗、瓦莱丽·普理查德：《互联网新思维——未来十年的企业变形记》，钱峰译，120页，北京，中国人民大学出版社，2014。

② 同上书，54页。

③ 同上书，59页。

费者的生活简约到极致，高效到极致。

### 5. 积极宣传——粉丝思维与社交思维

企业不论是刚创立还是处在发展期，都不能忽略对其产品和服务的推广。因为处在创立期，需要的是让企业更广为人知，处在发展期，需要的是将更新迭代后的企业形象大范围地扩散。在该阶段需要两种思维，即粉丝思维与社交思维。

粉丝思维，即不断争取更多的对企业产品或服务忠诚的依赖者，这些忠诚的依赖者一方面是企业生存的重要支柱，另一方面是扩大企业影响力的重要传播者，加之互联网技术的迅猛发展，使企业的粉丝几乎呈几何级数增长。最为显著的例子当属小米的创立与发展，正是创立初期的那一小批"米粉"，小米才得以快速跻身于手机市场。

粉丝是一个重要群体，但企业仍需进一步扩大视野，培养社交思维。"互联网+"时代的到来，我们的时代也逐渐呈现出商业化特质，在商业化时代，是否具备社会化思维则显得至关重要。社交媒体的发展，促使企业必须使其整个运作过程都透明化、公开化，积极参与到社交生态圈中。只有这样，才更有机会、更有能力去赢得更多的粉丝。

总而言之，在"互联网+"时代，用户思维与痛点思维、政策思维与迭代思维、大数据思维与平台思维、标签思维与简约思维、粉丝思维与社交思维等一系列互联网新思维已经成为高校大学生进行创业的必备工具。在互联网信息技术的支撑下，我国各个高校掀起大学生创业浪潮，新世纪的大学生能够拥抱互联网，积极运用互联网思维创业。例如，内蒙古医科大学视光专业 2015 届毕业生张帆同学的创业事例。攻读视光专业的张帆同学，利用互联网技术和自己的专业优势，在大二时组建了"爱普特眼镜店"创新创业团队，为周边五所大学的在校生开展验光配镜服务。虽然开始生意不好，但创业团队集思广益，广谋出路，开展了 O2O 业务模式，按照"互联网+众创空间"的模式加强企业建设，把线上创新创业云平台和线下众创空间两部分融为一体，线上汇聚了 2 家投资公司、3 家眼镜设计加工基地和 9 家眼镜店。经过两年的打拼，张帆同学有了 3 家眼镜实体店，通过 O2O 线上和线下模式，形成了自己的核心竞争力。他下一步打算运用互联网技术进入视力保健领域，在预防近视、弱视和缓解视力疲劳领域拓展业务。①

### （三）众创空间创业生态系统的结构

在中央政府大力倡导的"大众创业、万众创新"的趋势下，不同的地区已经形成了不同的大众创业空间，简称"众创空间"。据不完全统计，全国目前已初步形成 100 余家具有相当规模的众创空间，北京、杭州、南京以及深圳等大中城市发展尤为快速。其中包括中关村创业大街 Binggo 咖啡、苏州工业园区云彩创新孵化器等著名众创空间，孕育了一大批新技术、新商业模式与新兴创业企业，如小米科技、聚美优品、猛

---

① 孙忱：《"新常态"背景下大学生互联网创新创业教育问题及对策研究》，载《中小企业管理与科技》（中旬刊），2015(11)。

狒浏览器等。杭州作为创业重镇，特别是互联网创业大本营，也涌现了诸多具有鲜明特色的众创空间，如专注于医健行业O2O创业的贝壳社、阿里云计算公司与西湖区合作共建的云栖小镇、专注于电子商务创业的B座12楼，以及福云咖啡等。其中，"以互联网创业为显著特点的梦想小镇，已经积聚基金及投资机构58家，资本管理规模超过115亿元，引进孵化器公司7家，申报入驻项目近100个，创业团队人数超过2 000人。梦想小镇定位于'互联网创业小镇'和'天使小镇'"。①

对众创空间的创业生态系统结构的分析，主要是从生态学的角度去分析创业系统，重点强调众创空间中创业的各个因素的复杂性及其彼此之间复杂的联系。陈夙、项丽瑶等人曾专门以杭州"梦想小镇"为例去探析众创空间的创业生态系统结构，并对其进行了较为具体的阐述。他们认为，众创空间创业生态系统存在"众创精神、创客生态圈、资源生态圈以及基础平台与众创政策"②等维度。这在一定意义上说，其实就是我们在前面所论说的创业者在创业过程中所必须具备的要素。正是这些要素或者维度通过深入融合与互动，才形成了我们今天的创业生态系统结构。

在"互联网+"这种大的创业生态系统中，高校大学生创新与创业的领域有了新的方向，主要表现为："方向一：高科技领域。推荐商机：软件开发、网页制作、网络服务、手机游戏开发等。方向二：智力服务领域。推荐商机：家教、家教中介、设计工作室、翻译事务所等。方向三：连锁加盟领域。推荐商机：快餐业、家政服务、校园小型超市、数码速印站、品牌产品代理等。方向四：开店。推荐商机：高校内部或周边地区的餐厅、咖啡屋、美发屋、文具店、书店等。"③

## 第四节　创意、创造、创新与创业的关系

要深入探究高校创新创业教育，必须正确认识和理解创意、创造、创新与创业之间的关系。

### 一、创意——一种思维活动

创意，有些学者认为它是一个从西方引入的外来词，其实并非如此。我国古代早已出现过"创意"一词，在东汉王充所作《论衡·超奇》中就有这样的句子："孔子得史记以作《春秋》，及其立义创意，褒贬赏诛，不复因史记者，眇思自出於胸中也。"在我们

①　陈夙、项丽瑶、俞荣建：《众创空间创业生态系统：特征、结构、机制与策略》，载《商业经济与管理》，2015(11)。
②　同上。
③　孙忱：《"新常态"背景下大学生互联网创新创业教育问题及对策研究》，载《中小企业管理与科技》（中旬刊），2015(11)。

的日常生活中,提到创意,我们更多会想到"点子""主意",它并不是抓得着的具体的东西,而是仍然存留在我们头脑中的一种意识。"创意产业理论之父"约翰·霍金斯(John Howkins)在其《创意经济——如何点石成金》一书中指出,创意是指能够给人类带来快乐的基本的普遍的天赋,是催生某种新事物的能力,他表示一人或多人创意和发明的产生。他进一步指出,任何创意都拥有三个基本条件,即个人性、独创性和意义……霍金斯还特别指出,创意在科学研究和开发领域与在艺术创造领域相比,同样活跃。[①]

对于创意的特征,我们可以从关于创意的英文单词中去寻找,在英文中可作"Creative""Creativity""Idea""Originality",这些单词虽都有创意之义,但其指涉的重点却不一样。"Creative""Creativity"是创意的动词与名词形式,强调创意过程中的创造力与创造性,着重在创意产生的过程;"Idea"则重在创意的结果上,指所创造出的一种新想法;而"Originality"也有创意之义,但其更加强调了创意的原始性与独创性。虽然单词形式不同,但都蕴含着创意的内涵,我们从这些不同的单词中可以归纳出创意的特征:第一,创造性。创意的根本在于突破传统与常规,运用创造性思维生发新点子。第二,思想性。创意是一种意识活动的结果,具有一定的主观性与思想性特征。第三,原始性。创意不同于现存事物,它不是对现有事物的复制,而是在原点的位置进行创造,这种始创性就决定了独创性与新颖性是其显著特点。第四,有用性。创意必须具有一定实际价值,若被采用,便能够给人类带来经济价值或社会价值,若一项创意缺乏有用性,那将失去它存在的价值。总而言之,创意是经济主体通过创造性思维活动而获得的,是对某种潜在获利机会的原创性识别与认知。因此,创意作为一种原创性的知识,它既可以是某种点子或想法,也可以是某种策划思路或解决方案;既可以是某种新发明或新技术的内心感知,也可以是对某种新的要素组合方式、新的商业模式或新的市场需求的前瞻性判断与敏锐观察。因此,创意是源于自身文化和经验积累而获得的个人天赋,并能在经济社会和技术高度发达的社会中迅速转化为获得财富的核心观念。[②]

创意,重点在于"意",就像我们上面所阐述的,创意的本质其实是一种意识,更是一种思维;是停留在我们大脑中的意识之光,更是我们进行新的活动的源泉。

## 二、创造——一种能力呈现

创造,其实与创意的内涵大体一致,但创造强调的是"造",即一个行动的过程,或者干出新成绩的过程,指的是想出新点子、新方法或新思想。它强调的"造",从本质上来讲,是一个从无到有的"造"的过程。在这个过程中,最为核心的当属"能力",只有具备这样的能力,才能让整个"造"的过程持续下来,最终得到理想的结

---

① 王延荣主编:《创新与创业管理》,北京,机械工业出版社,56页,2015。

② 同上。

果。因此，正是由于这一内在特性，才有了人们平时常说的"创造力"，简而言之，创造，就是一种能力，这种能力体现在整个创造过程中，而在整个过程又受创造性思维的控制。

美国心理学家约瑟夫·沃拉斯(J. Wallas)首次对创造性思维所涉及的心理活动过程进行了深入研究，他提出了准备、孕育、顿悟和验证四个阶段的创造性思维过程，换句话说，这四个阶段是创造力表现的四个方面，即创造力表现的过程。约瑟夫·沃拉斯在《思考的艺术》一书中对这四个阶段做了详细的阐述。第一阶段——准备阶段，主要包括四个方面的工作：一是知识和经验的积累及整理；二是收集必要的事实和资料；三是了解提出问题的社会价值，能满足社会的何种需求及价值前景；四是在此基础上逐步明确解决问题的思路。第二阶段——孕育阶段，创造性活动所面临的是前人未能解决的问题，尝试着运用传统方法或已有经验难以奏效，只好把问题暂时搁置。表面上看，认知主体不再有意识地去思考问题而转向其他方面，实际上是在用右脑继续进行潜意识的思考。第三阶段——顿悟阶段，即是经过潜伏期的酝酿之后，由创意开发者对问题经过周密甚至长时间的思考，创造性想法可能会突然出现，由于这种解决方案往往突如其来，所以一般称为灵感或顿悟。事实上，灵感或顿悟并非一时心血来潮、偶然所得，而是在前两个阶段中认真准备和长期孕育的结果。第四阶段——验证阶段，有灵感或顿悟所得到的解决方案也可能有错误，或者不一定切实可行，所以还需通过逻辑分析和论证以检验其正确性与可行性，并在此基础上形成更科学、合理的创造途径。[①] 创造力，是一项重要的资源，是创业路上的必需品，更是企业能够持续性发展的源泉，正如霍金斯在其《创意经济——如何点石成金》一书中将创造力视为一种资产，从而形成了继人力资本、结构资本和智慧资本之后的第四资本——创意资本。他认为：把创造力视为资本是十分合理的，因为其具有实际价值的特质，是投资而产生的活力结果，也是人力资本的一个重要元素。[②]

### 三、创新——一种革新创造

对于创新，我们已在本章第二节部分做了详细论述，在此对其内涵不做赘述。但在本小节里，我们谈论的创新，重点在创新与创意、创造与创业的比较中进一步深入认识和理解创新，掌握它们彼此之间的区别与联系。彼得·德鲁克(Peter F. Drucker)在《创新与企业家精神》一书中指出："创新是企业家的具体工具，也就是他们借以利用变化作为开创一种新的实业和一项新的服务的机会的手段。企业家们需要有意识地去寻找创新的源泉，去寻找表明存在进行成功创新机会的情况变化或其征兆。他们还需

---

① 王延荣主编：《创新与创业管理》，36 页，北京，机械工业出版社，2015。
② 同上书，68～69 页。

要懂得进行成功的创新的原则并加以运用。"①

创新,重在"新",它是一种区别于旧的技术过程,而且从其内涵方面来看,从第二节我们提到的有关熊彼特对创新的论述中得知,创新并不仅仅依赖于一些新发明、新创意,还包括了对各种要素的新组合,或对方法的改进。除熊彼特外,美国经济学家华尔特·罗斯托(Walt Rostow)也将"创新"的概念发展为"技术创新",美国国家科学基金会(National Science Foundation,NSF)从20世纪60年代就开始组织人们对技术变革与技术创新的研究,迈尔斯(S. Myers)与马奎斯(D. G. Marquis)是其主要倡议者与参与者。他们在1969年的研究报告《成功的工业创新》中,将创新定义为技术变革的集合,认为技术创新是一个复杂的活动过程,从新思想、新概念开始,通过不断地解决各种问题,最终使一个有经济价值和社会价值的新项目得到成功的应用。到20世纪70年代下半期,他们对技术创新的界定大大扩展了,在NSF报告《1976年:科学指示器》中,将创新定义为:"技术创新是将新的或改进的产品、过程或服务引入市场。"并明确将模仿和不需要进入新技术知识的改进作为最终层次上的各类创新而划入技术创新定义范围中。②

## 四、创业——一种过程结果

创业的内涵,和创新一样,详见本章第二节,本部分重在将创业与创意、创造、创新做对比。创业,显而易见,重在"业",我国古语中也早有记载,最为大众所熟知的就是诸葛亮在《出师表》中写道:"先帝创业未半而中道崩殂。"此外,在《孟子·梁惠王下》中也有:"君子创业垂统,为可继也。"还有,在《资治通鉴·唐纪十一》中,唐太宗向大臣谈论创业与守业时,上(唐太宗)问侍臣:"创业与守成孰难?"房玄龄曰:"草昧之初,与群雄并起角力而后臣之,创业难矣!"魏征曰:"自古帝王,莫不得之于艰难失之于安逸,守成之难矣!"从上述古文中我们可以体会到,创业的"业",从本质上说是一种结果,它来源于创意,经过创造性思维和高强的创造力进行创新,并且进一步将其转化成一种财富。这其中最为关键的一个结合就是创意与商机的结合,这种结合的首要前提是要对创意进行评估。生活中,我们的创意往往很多,但所能寻找的有利商机却很少。那么我们必须要做的就是寻找并评估创意,从而确定出哪个创意与商机结合最能形成一个极具吸引力和充满经济价值的项目或业务。在寻找创意时,并非所有创业者都有创造性思维或独特的创意,那他们又该如何寻找呢?杰克·M.卡普兰与安东尼·C.沃伦提出了五种基于现有材料可以提升利润驱动概念的方法:"一是扩展或重新设计现有服务来开发创意;二是将原有服务进行重新分割、改良和创新;三是在低价位对市场进行细分,对产品进行营销;四是为现存产品或服务增值;五是为现

---

① 王延荣主编:《创新与创业管理》,57页,北京,机械工业出版社,2015。

② 同上书,4页。

存产品或服务重设一个新的概念。"①

一个典型的案例是 Intuitive Controls 公司。② 当特得·格雷夫（Ted Graef）和斯科特·约翰逊（Scoot Johnson）大学毕业时，他们决定开创自己的公司。有着工程和商业背景的他们，感到在能发挥自己技术的领域内寻找创意比较顺手。他们在社区开展工作并结识了一个名叫欧内斯特·默茨（Ernest Merz）的发明家，这个发明家已经试着围绕他的两个专利开展一项业务。他发明了一手操纵的产业装置"操纵杆"。在默茨的创意发明之前，控制起重机需要使用者操纵几个控制来把握各个方向的移动，这很容易造成事故。特得和斯科特很快看到了这个创意在很多方面的应用优势。他们征得了默茨先生的同意，获得专利并创办了 Intuitive Controls 公司，发明并制造了一系列产品。为了出售产品，他们与系统控制装备制造的主要供应商签订了一份协定。当销售额开始增加时，公司将他的计划模式介绍给了投资者，并出售一部分股权来换取维持生存的几十万美元，随后销售量日益增加。不久以后，由于销售合伙人减少了对产品销售的努力，销售额有所下降，公司发展遇到障碍。特得认为："用大公司销售你的产品是把双刃剑——你可以不用再提升自己的销售能力。但是如果事情不能按照计划进行，你将没有办法与潜在顾客取得联系进行销售或者了解他们的需求。"不过，他们这次的失败经验也不是一点也没有用的。他们已经在第一次尝试过程中了解了安全生产方面的要求，并了解到电子监控器和交通控制仪的"顾客迫切需要点"。与潜在顾客（如警官）对话，分析现有产品的缺点，并应用他们来之不易的"直觉控制"观后，特得和斯科特发展了一系列交通管理产品，并在市场上引起轰动。现在，一个警官可以利用互联网实时监听，从而使执行更有效，街道更安全。

对于创意与创造、创新与创业彼此之间的联系和区别，可以从上面的论述中得知：创意，是一种思维；创造，是一种能力；创新，是一种手段；创业，是一种结果。创意，是创造、创新与创业的源泉，是一种抽象的意识形态；创造，为创意、创新与创业提供了能力上的支撑，是一种将创意思维运用到实际中的能力；创新，为创意结合商机时提供了手段上的保障，是一种将创意转化成具体且有价值的成果的技术；创业，则是创意与商机结合后，并对最终成果进行市场化与商业化的过程，在这个过程中不断地赋予和增加其商业价值和经济价值，是创意、创造与创新价值实现的必要过程。一方面，创意、创造与创新构成了创业的基础，同时，它们也推动着创业的发展，伴随着企业生存与成长的整个过程；另一方面，创业也体现着创意、创造与创新，刺激并深化着创意、创造与创新迈向更高层次。总而言之，创意、创造、创新与创业彼此

---

① ［美］杰克·M. 卡普兰、安东尼·C. 沃伦：《创业学》第 2 版，冯建民译，31～32 页，北京，中国人民大学出版社，2009。

② 同上。

并不孤立，而是相互依存、相互促进、相互融合，从而构成一个完整的有机体。

目前，很多大学生对上述概念仍然知之甚少，并且对互联网的理解仅仅停留在信息技术层面，仅仅将其当作一种纯粹的工具来使用，对互联网思维，对"互联网＋"的内涵理解都很欠缺。而且一直存在一个问题，即创新意识不强，加之"互联网＋"时代对新型创新提出了更高也更为迫切的需求，更使我国高校大学生创新能力捉襟见肘。由此，加强对我国高校大学生的创新创业教育则显得至关重要。其实，早在1989年11月，联合国教科文组织在北京召开"面向21世纪教育国际研讨会"时就已经提出了"创业教育"的概念。经济合作与发展组织的专家柯林·博尔将"创业教育"定位为未来人们必须掌握的继学历教育、职业教育等"教育护照"之后的"第三本教育护照"。而我国在"第三本教育护照"方面，相比英、美、德、日等国家，基础还很薄弱，创新创业教育与实践和时代要求存在脱节，很多都流于形式，并未对我国高校大学生提供一些实质性帮助。因此，当前我们应该积极借鉴国外高校大学生创新创业教育实践经验与教训，同时结合我国高校具体环境，努力增强大学生的创新意识，提高其创新能力，培养其互联网思维，积极帮助大学生树立敢于创新、奋斗拼搏的创业精神，不断提高其创业能力。因此，我们将在下一章着重探讨国外高校大学生创新创业教育及其对我国的借鉴意义。

## 第五节　创新创业教育概论

创新创业教育目前已经在世界范围内普遍展开，但创新与创业的内涵并非完全一致。了解两个概念各自的侧重点，对分析概念本质以及挖掘概念组合后产生的叠加效应有重要意义。大部分学者认为，"创新是创业的先导与基础，甚至是核心与本质；而创业是创新的实现形式与载体，创新在很大程度上决定了创业成功与否。"[1]两者本质上是"思想"与"行动"的内在统一，创新更注重思想、观念、理论、技术等在原有基础上"新"的突破与革新；创业则是将这种"新"特质付诸实践与行动。由此可见，创新、创业不是原有产业的简单复制，而是应该联系互联网时代的大背景，在满足群众个性化与多样性需求的基础上，突破早前"无思维"创业的困境，在创业中融入创新意识、创新精神、创新思维。

### 一、创新理论及创新教育

1912年，美籍奥地利经济学家熊彼特在其《经济发展理论》一书中最早提出"创新理论"，随后在《经济周期》与《资本主义、社会主义和民主主义》中继续深刻阐述这一观点，形成了以"创新理论"为基础的思想体系，为之后理论的发展、完善以及运用于实

---

① 许德涛：《大学生创新创业教育研究》，硕士学位论文，山东大学，2013。

践奠定了基础。

熊彼特的"创新理论"是在资本主义社会经济发展疲软，甚至出现发展停滞的背景下提出的。19世纪末，资本主义国家自由竞争阶段发展到了垄断阶段，内部矛盾丛生、阶级冲突与对立激化，特别是周期性经济危机的频繁发生和世界大战的爆发，给资本主义生存与发展带来很大危机。[1] 当时许多经济学家意识到资本主义社会经济的发展不能单靠旧有的生产要素，需要寻找一种新的经济结构来保持经济持续繁荣。熊彼特就在这些观念的基础上创造性地认识到单靠人口、资本、利润、地租等传统元素发展经济到一定程度以后就无法实现突破，因此他提出了创新的概念。

他指出，通过创新重塑资本主义经济的繁荣有两个重要的要素：一是企业家；二是通过技术进步、制度变革来提高生产力。而两个要素结合的最终目的是实现生产要素和生产关系的"新组合"，建构全新的生产函数。在生产函数中通过技术、制度变革不断更新生产要素，同时通过经济发展中的"灵魂"人物——企业家实现生产关系创造性的转变。这种生产要素与生产关系组合的无限可能，创造出经济发展的无限机会与动力，熊彼特把此称为"创新"的能量。

在这种"新组合"中，熊彼特特别强调了企业家的角色和作用。但是他理论中的企业家不是一般意义上的企业家，他认为只有实际实现了"新组合"，才是真正意义上的企业家。熊彼特意义上的企业家必须具备五种职能："①采用一种新产品或者一种产品的新特点；②采用一种新的生产方法；③开辟一个新市场；④掠取或控制原材料或半制成品的一种新的供应来源；⑤实现任何一种工业的新的组合。"[2]这种具备企业家精神的人员是组织发展的推动者，也是经济增长的核心力量。但是并不是说企业的领导者占着决策制定的位置，就一定是企业家，并且是一劳永逸的，只有具备熊彼特意义上的企业家精神，并且把这种精神融入生命才是企业家立足的根本。熊彼特从两个维度考察企业家精神：第一是精神；第二是能力。"他认为企业家精神包括：①胜利的渴求；②创造的喜悦；③坚强的意志。能力上则强调：①预测能力；②组织能力；③说服能力。"[3]如今的企业家不仅要具备这些传统的精神和能力，并且在当下信息数据时代，必须拥有互联网思维，能有效利用互联网平台创造价值，并且通过新的方式创造新的生产力。

与此同时，在熊彼特看来，创新是一种"不断地从内部来革新经济结构"的"一种创造性的破坏过程"，[4] 不断的破坏原有的不适合经济增长的结构，来创造出新的结构的过程；同时创新也是重构市场参与者结构的核心标准，那些无法在市场竞争中不断突

① 王蕾、曹希敬：《熊彼特之创新理论的发展演变》，载《科技和产业》，2012(6)。
② ［美］约瑟夫·熊彼特：《经济发展理论》，何畏等译，34页，北京，商务印书馆，1990。
③ 何树贵：《熊彼特的企业家理论及其现实意义》，载《经济问题探索》，2003(2)。
④ ［美］约瑟夫·熊彼特：《经济发展理论》，何畏等译，34页，北京，商务印书馆，1990。

破、创新的企业，必定会在残酷的市场大潮中淘汰出局，而唯有以一种"追新"的眼光看待自身、看待发展，才能在残酷的"丛林"社会中存活。因此，熊彼特认为，经济发展的逻辑就是不断创新、持续破坏、持久优化、追求发展。

之后，创新不仅被作为推动企业经济增长的重要因素，同时，创新开始运用于社会生活的各个领域。最重要的表现之一，就是近些年一直被强调的创新教育。联合国教科文组织在《教育——财富蕴藏其中》的报告中提到："教育的任务是毫无例外地使所有人的创造才能和创造潜力都能结出丰硕的果实。"①该报告特别强调了创新教育的关键在于培养人的创新精神、激发人的创新潜能。但各个国家对于创新教育重要性的领悟程度是不一样的，所以西方发达国家在创新教育方面的起步较早。

西方国家开始关注创新教育是从工业革命后开始的，他们认识到，每一次科技进步、知识创新都带来了国家经济、社会的迅猛发展。因此，进入工业社会的国家开始意识到，创造、创新与人才密不可分，他们开始把创新人才教育提到国家教育的重要位置。

## 二、创业思维及创业教育

创业的概念从中国古时起就有，《孟子·梁惠王》有云："君子创业垂统，为可继也。"诸葛亮《出师表》有云："先帝创业未半，而中道崩殂。"这里"创业"多指帝王、君主之霸业，与今日指群众创业概念有别，但都指"开拓、草创业绩和成就"。② 国外许多学者对"创业"有不少代表性的观点，罗伯特·荣斯戴特（Rokert Ronstade）认为："创业是一个创造增长的财富的动态过程。"③蒂蒙斯认为："创业是一种思考、推理和行为方式，这种行为方式机会驱动、注重方法。创业导致价值的产生、增加、实现和更新，不只是为了所有者，也是为所有参与者和利益相关者。"④这些概念都强调了创业需要把握机会，创造新价值。

创业包含了一系列思想上的创新与行动上的决策，绝不能一蹴而就，也不会昙花一现。创业是一个脚踏实地、循序渐进的过程。其中，创业者起到了决定性的作用。创业者必须在创业过程中贡献时间、奉献精力、不气馁、踏实努力。当然，作为创业者要比别人领先一步，在已有市场竞争者中脱颖而出，必须有超前的视野、远见与决断力，承担相应的经济、精神、社会、家庭的风险，当然也能够获得个人价值实现、金钱地位回报等。除了主观的因素外，创业者还必须意识到客观环境的重要性，对于当下的市场环境必须有预测性的认识：有些行业在现在可能非常红火，但是没过几年

---

① 陈翠荣：《大学创新教育实施困境的博弈分析》，载《中国高教研究》，2014(7)。
② 王婉萍：《大学生创业教育及保障体系的研究》，硕士学位论文，浙江大学，2006。
③ Ronatadt, R. C., "Enterpreneurship," *Lord Publishing Co.*, 1984, p. 28.
④ Jeffry A. Timmons, "New Venture Creation," *Irwin Mcgraw-Hill*, 1999, p. 3.

就开始被市场淘汰；恰恰相反，有些行业在当下可能根本少有人知晓，但未来很有可能作为朝阳行业，成为淘金点。因此，对于成功的创业者来说，必须具备对市场的敏锐感，能够适时掌握市场的脉搏，通过市场分析评估，预估未来社会走向；同时，对国家政策方针必须认真解读，这些文件中都包含了未来政府会重点关注和大力投资的项目，这是创业者能够抓住的绝好机遇。

创业教育是于 20 世纪 70 年代末在美国兴起的。当时，美国等西方发达国家遇到了传统产业衰退的困境，许多工人下岗失业，整个就业市场动摇不定，导致社会中人心浮动。但与此同时，许多中小企业发展起来并且为社会提供了大量的就业机会。基于这样的形势，政府认识到中小企业对于经济发展起到了至关重要的作用，因此，促进这些企业的发展成为政府的当务之急。西方国家开始对年轻人进行创业教育，培养他们的创业意识、创业精神和创业能力，进而使其成为创新进取的小企业家，实现"自我就业"。

20 世纪 80 年代末，柯林·博尔提出了 21 世纪新的教育哲学观念。未来的人应该具备三本"教育护照"：第一本是学术性"教育护照"；第二本是职业性"教育护照"；第三本就是创业性"教育护照"。这也是在世界范围内第一次提出"创业教育"这个概念。博尔意识到人们往往只重视前面两项，而忽视了人的事业心和开拓能力，但这恰恰是未来社会人必须具备的基本能力。"第三本教育护照"的提出，说明人们已经十分关注与智力因素联系密切的诸多非智力因素，及其对适应未来的挑战和优化生存素质的重大意义。1989 年，"面向 21 世纪教育国际研讨会"又明确提出，各国要将"事业心和开拓技能教育提高到目前学术性和职业性教育护照享有的同等地位"，同时指出："创新教育，从广义上来说是指培养具有开创性的个人，他们和拿薪水的人同样重要，因为用人机构或个人除了要求受佣者在事业上有所成就外，正在越来越重视受佣者的首创、冒险精神，创业及独立工作的能力以及技术、社交、管理技能。"[①]

1998 年，联合国教科文组织在巴黎召开了世界高等教育会议，发表了《21 世纪的高等教育：展望与行动世界宣言》和《高等教育改革和发展的优先行动框架》，两个文件都再次提到了创业教育，并且提出新世纪必须把创业精神的培育放在人类教育的重要位置。而我国创业教育正式提出是在 1999 年 1 月公布的《面向 21 世纪教育振兴行动计划》中，它指出了："加强对教师和学生的创业教育，采取措施鼓励他们自主创办高新技术企业。"这也是在新时代背景下，政府认识到市场环境需要以更加开放的姿态迎接中小企业，才能真正带动社会发展、教育创新。

## 三、创新创业教育的融合与推广

前有所述，早期西方发达国家虽然已经提出创新教育与创业教育理论，并且开始

---

① 彭华伟：《互联网背景下的创业基础与实践》，23 页，北京，经济科学出版社，2015。

运用于实践，但是对于创新与创业这两个概念的整合却一直到20世纪90年代才开始关注。最早可以追溯到1919年美国商人霍勒斯·摩西（Horace Moses）创立的青年商业社，他提出要对高中学生实施商业实践教育，这促使了美国创新创业教育的兴起。1947年，哈佛大学又率先开设了创新创业的课程——《新创企业管理》。这被公认为是美国第一门创新创业课程，但是这门课在当时并没有得到整个社会的支持，更多的人认为这最多算是可有可无的选修课。这种状况一直到20世纪六七十年代开始改变。当时由于美国经济社会发展不景气，许多大企业发展乏力，政府看到了许多创新型的中小企业由于体制灵活、技术创新能力强、市场反应灵敏等优点成为国家经济发展的重要动力，并且越来越成为工作岗位的提供者、财富的创造者和创新的发起者。在此基础上，1967年斯坦福大学和纽约大学开创了现代的MBA创业教育课程体系，真正标志着创新创业教育在美国及其他发达国家发展起来。[①] 1985年，管理大师彼得·德鲁克在《创新与企业家精神》一书中明确指出："创新和企业家精神中没有人才，灵感或者点子是自发的，也并不神秘，他是可以通过教育和培训，通过文化意识形成的。"他再次强调了创新创业要结合起来，并且要打破创业的神秘性，指出创业能力与创业精神可以通过系统的培训与训练获得，这也成为日后美国创业环境宽松、市场繁荣的重要原因。

创新教育、创业教育根本上就是融为一体的，创新教育是创业教育的基础与本质，创业教育是创新教育的进一步发展和提升，两者之间存在着无法割舍的紧密联系。在知识经济飞速发展的今天，我们的创新不能单纯地只是对旧产业的复制，更不能只是做别人成果的"搬运工"，必须创新技术、理念、精神，否则创业就会成为无源之水。社会不能只是为了创新而创新，必须把创新运用于实践，造福于人类，才有真正的价值与意义。

---

① 朱再法、郭亚芳：《推进大学生创业教育的若干思考》，载《中国高教研究》，2001(6)。

# 第二章　创新创业教育的域外经验

许多国家和地区都把创新创业作为推动经济发展、科技进步以及创造就业机会的重要动力，高校的创新创业教育也因此普遍受到重视。不同国家和地区高校创新创业教育各有特点，如美国模式以创新创业教学为核心，英国、德国等欧洲国家的模式体现职业教育特色，亚洲模式注重文化塑造的特点。本章选取一些创新创业教育起步较早、富有特色的国家进行研究和介绍，供国内高校参考。

## 第一节　美国创新创业教育研究

美国是世界上实行创新创业教育最成功的国家之一。未来学家约翰·奈斯彼特(John Naisbitt)认为：创业是美国经济持续繁荣的基础。管理学大师彼得·德鲁克也指出，创业型就业是美国就业政策成功的核心，是美国经济发展的主要动力之一。

### 一、美国创新创业教育的发展历程

20世纪60年代左右，美国创新创业教育开始起步。1967年，斯坦福大学和纽约大学开设了MBA创业教育课程体系；1967年，百森商学院在全国开设首个研究生创业管理课程，次年又开设了第一个本科生创业课程；1971年，南加州大学创设了关于创业的工商管理硕士学位。这些都标志着创新创业教育开始在美国萌芽。之后，20世纪70年代石油危机，引发了世界范围内严重的经济危机，导致青年失业问题进一步恶化。在这样的背景下，美国认识到创业教育对于解决就业问题的至关重要性，开始了创业教育的热潮。"以比尔·盖茨的创业者们为代表，揭开了'创业革命'的序幕，对美国的创新创业教育起到了极大的推动作用。因此，到1979年，有263个中学教育机构开设了创业和小企业课程，但是这个时期大学的创业课程还没有真正建立起来。"[1]

---

① 高志宏、刘艳：《创新创业教育的理论与实践》，56页，南京，东南大学出版社，2012。

20世纪80年代到20世纪90年代，美国的创业环境逐渐完善。这种创业环境的快速发展，首先得益于人们观念的转变，人们开始不把大企业就业作为唯一的选择，转而选择一些发展创新型的小企业；美国的冒险精神也不断被激发，创业不仅被看作少数人的专利，更是中产阶级和底层社会民众创造财富跻身上流社会的重要途径。因此，20世纪70年代以后，美国许多商学院都开设了创业学，并且建立了创业中心。20世纪70年代后期，美国只有50多所学院和大学开设了与创业相关的课程，到1999年，大约有1 100所大学创建了与创业学和创业有关的课程。美国还拨款设立了国家创业教学基金，这极大地鼓励了学生创业。"在像斯坦福大学和麻省理工学院等知名大学中，许多优秀学生首要的就业目标就是通过创业来实现自我价值。而创业中心除了提供创业教育外，还创办了大量的创业活动，在创业导师的带领下加强与外界的联系，以此来锻炼学生把握市场机会和创造财富的能力。"[①]同时，许多学校还创办了创业计划大赛，开始了创业教育从理论向实践的迈进。

20世纪90年代以后，美国的创新创业教育已经走向成熟。这一时期，人们进入了知识经济时代和网络信息时代，美国社会先于其他国家开始进入高新科技与互联网发展的时代，因此面临更多竞争，企业的风险也比以往任何时候都大。这就要求企业在转变观念的同时，个人也应该转变就业态度，抱着"创新与企业家的精神"积极主动地就业；同时人们也看到了一些新创企业为社会提供了大量就业机会，因此，政府投入了更多的资金鼓励创业。随着电子信息、网络技术等的发展，创业的程序简化了，出现了更多的创业机会。这一时期，已经有超过1 600所院校开设了超过2 200门关于创业的课程，成立了100多个创业中心。同时创新创业教育不再仅仅是一门选修课，它已经成为许多大学的必修课程，并且已经逐渐发展成为一个贯穿小学、初中、高中、大学直至研究生的学习体系。它的教学内容也不仅仅局限于课堂学习，课外实践成了创业学习的一个重要环节，在专职教师、企业导师的带领下，学生在实践中挖掘创新创业智慧，锻炼创业能力，感悟创新精神。

## 二、美国创新创业教育的特色

美国在创新创业教育领域最先起步，因此相对来说也做了更多的探索与实践，在创新创业教育中已经形成了自己的特色。

### （一）政府重视并形成了良好的创业文化基础和社会保障体系

美国政府自经济危机的发生导致大企业发展衰退以来，一直非常重视中小企业的发展。美国出台了大量的政策法规和规章条例来为学生创新创业保驾护航。例如，"通过民间非营利团体与学校合作对未成年人进行自立教育；美国中小企业管理局对开业

---

① 邓汉慧、刘帆、赵纹纹：《美国创业教育的兴起发展与挑战》，载《中国青年研究》，2007(9)。

前的创业者进行技术支援等，构成了民间组织、教育机构和政府等多层次相结合的体系。"①美国商务部在 2013 年 7 月发布了《创新与创业型大学：聚集高等教育创新与创业》的报告，明确大学创新创业中的五大核心活动领域，即促进学生创新与创业、鼓励教师创新与创业、支持大学科技成果转换、促进校企合作、参与区域与地方经济发展。这些创业支持制度都以政府为主导，协同社会各方力量，共同支持、保障大学生创业。

学校的大力支持也是形成良好的创业文化环境的关键。美国的高校已经全面铺开创新创业教育，从课程设置到创业中心建设，从兼职教师担任指导到专职专家学者、企业家进行创新创业教育，从学校体系中的边缘化到逐步受到重视，都体现了学校创业教育体系的不断完善。

同时，对于创业的资金援助也成为政府保障创业的重要方面。美国政府创立了专门的国家创业教育基金；成功的校友企业家也向学校创业中心捐助创业资金，为大学生创业提供更多物质保障；同时，许多社会上的创业者基金会出资鼓励大学生创业。比如，"美国的考夫曼创业流动基金中心、国家独立企业联合会等机构，通过提供经费支持创业大赛、鼓励优秀学生、开发创业课程与实践活动等方式对高校的创业教育提供资金和智力支持。"②

正是有了这一系列政府主导下的社会保障体系，美国社会才形成了良好的创业文化环境。个人创业成为大学毕业生引以为豪的事情，社会对于创业失败的包容度也很高，不仅有文化上的包容，而且更有物质上的保障，这给创业者打了一剂镇静剂。

### （二）前瞻性的创新创业教育理念

前期，美国政府鼓励高校开办创新创业教育课程主要出于功利性的目的，希望通过这样的方式鼓励中小企业在经济危机下能够涌现出来，解决社会就业问题和缓解社会经济下行的压力。但是后来，随着创新创业教育的发展，对其内涵与本质的深挖与领悟，让许多美国学者认识到，之前的见解是浅显与片面的。因此，美国社会开始注重创业所带来的经济效益之外的收获。大学提出了"为了每一个学生的自由发展"的创新创业教育理念，更加强调创业是为了培养学生探索求知的精神，是对自我意志、能力的塑造。

### （三）形成了完整的创新创业教育体系

美国自 20 世纪 90 年代开始就已经建立起了较为完善和独具特色的创业教育体系，创业教育课程的覆盖面在不断扩展，课程内容也在不断创新，在课堂学习的同时开始注重课外实践等。创新创业教育从最初小范围地开展，到后来覆盖从小学到高中各个年级，并且已经成为专业领域的必修课程。"根据 Winslow 和 Solomon 所做的 1999—2000 年度第七次全美创业教育项目'连贯调查'的结果显示，已经有 142 所大学在本科

---

① 谭蔚沁、林德福、吕萍：《大学生创业教育概论》，11 页，昆明，云南大学出版社，2011。
② 同上书，38 页。

或研究生院中把创业作为专业领域，其中有 49 所学校设置了创业学位。创新创业学科已经在美国成为一种大趋势。"①

美国大学正在为学生提供更多创新创业的课程和计划，许多相关课程也开始融入创业知识，在潜移默化中培养学生的创业精神。现在的美国大学还通过许多特殊的方式增加传统课堂指导，同时把教育机会延伸到课堂之外，开展丰富多彩的第二课堂。比如，美国非常有名的"创业计划"竞赛，就通过大学生写创业计划来吸引社会风险投资家投资创办企业的方式来实现学生创新创业的梦想。美国的麻省理工学院（MIT）、斯坦福大学等十多所大学，每年都会举办这一大赛，并且每年都会有几十家新企业从这样的赛事中诞生，比如曾经的世界首富比尔·盖茨就是典型的例子。这些从大学创业计划中走出来的企业，充满活力，敢于挑战，为美国经济发展注入了活力，同时也是美国社会发展的直接驱动力量。还有美国的"合作计划"项目，主要是指高校与公司、政府单位合作，让学生到社会中进行工作实践，工作的过程就是一个不断提升自己、加强社会融入的过程。这也使学生更加明确了未来是否选择创业、以怎么样的方式创业、怎样实现创业价值等。

良好的创新创业教育体系中还有非常关键的因素——专兼职的教师队伍，这也是建立好创新创业教育体系的关键。美国的优质教师队伍主要由两个部分组成：一部分是专职教师，很多美国大学商学院的教授曾经都有过丰富的创业经历，从商场中退下来以后又潜心在学校里搞研究，因此他们既有丰富的实战经验，又有精湛的专业理论知识，他们以自身阅历为鲜活素材融入枯燥的理论知识中，在过往经验教训中引导学生思考创新创业的价值与精神；另一部分是兼职教师，这些教师主要是一些创业成功的企业家、风险投资家、创业部门的政府官员等，他们对于创业比任何人都了解，并且又正在经历中，他们以生动形象的案例，极大地丰富了教学内容的广度与深度。

### 三、美国创新创业教育的实践

美国发明了一个改变世界发展进程的工具——互联网，并且在互联网产业的发展中一直居于领先地位。近几十年来，互联网商业化的趋势创造了一个又一个企业营利模式的奇迹。"互联网+"时代的到来，不仅突破了互联网产业发展模式，更是对传统行业的一次革命性创新。在互联网思维普及的今天，在美国这样一个创业环境宽松、创业门槛较低的国家里，越来越多的创业者依托网络信息技术或者直接将互联网平台的发展作为创业目的而迅速致富，这样的例子在美国硅谷比比皆是，商业模式的创新发展通过互联网效应对经济发展产生不可估量的效益。"以乔布斯、比尔·盖茨为代表的这一代创业者们彻底改变了美国乃至世界的经济，创造出了前所未有的价值，推动了

---

① 许德涛：《大学生创新创业教育研究》，硕士学位论文，山东大学，2013。

整个社会经济、高科技产业和创新体系的蓬勃发展。"①美国长盛不衰的创业精神和中小企业生生不息的创业活动，都应归功于美国创新创业教育实践，正是这些实践活动，营造了宽松自由的创业氛围，培养了突破创新的创业精神，建构出了新时代背景下创新创业的发展蓝图。

### （一）创业型大学的构建

知识经济与信息时代的推进，兴起了一场社会各个领域的无声的革命，包括教育领域，也掀起了深刻变革。在这一时代背景下，美国原本的研究型大学顺应时代、积极变革，迅速向创业型大学转变。美国最先开展创业型大学理论与实践的研究，因此成果颇丰。对于创业型大学的定义，较有代表性的是亨利·艾兹科维茨（Henry Etzkowitz）和伯顿·克拉克（Burton R. Clark）的观点，他们共同强调了大学作为社会的学术性组织，不仅需要自我内在的协调与运转，更应该适应与外部世界的关系，努力创新、变革自身，以此来适应社会现实。在对外适应的过程中，创业型的大学需要有一种内化为学校文化灵魂的创业精神，有把理想、创意转化为现实能力的创业型人才，有将科研成果转化为现实的生产实践能力，同时也必须拥有像科技园、孵化园和产业园这样的创业平台等，美国的创业型大学就是在这样的环境中构建、成长起来的。其中最具有代表性的就是麻省理工学院和斯坦福大学。

斯坦福大学的创立者利兰·斯坦福（Amasa Leland Stanford）说过："生活归根到底是指向实用的，你们到此是为了谋求一个有用的职业。"②因此，斯坦福大学一直注重学以致用的办学理念，强调将学校中的研究成果转化为现实社会推动经济发展的社会生产力。在这样一个网络信息化的时代中，社会的创业难度系数越来越低，创业渠道也越来越多，但是创业成功的毕竟有限，但斯坦福大学高度宽容失败，它的校训就是"让自由之风劲吹"，鼓励学生在自由的环境下勇于尝试、敢于突破。其中，斯坦福还有一项很有特色的学校政策：灵活的休学制度。学生可以在任何时候提出休学要求，一年以后再重返校园。很多同学利用这个机会去创新实践，去创业发现机遇。当然，斯坦福也并不把创办现代化的公司作为唯一的创业教育的理念，它更注重学生将创新创业的理念内化为自己的人生信条。尤其在当下"互联网＋"的时代背景下，原有的故步自封的社会理念根本无法立足在这样一个日日变更的社会中，必须具备开拓性、创新性和进取性的自我革新的精神，必须培养企业家精神和综合能力素质，才能在互联网时代生存，这也是斯坦福当下最重要的教育理念。

斯坦福大学创新创业实践主要有以下三个模块内容。

第一，与互联网创业紧密结合的创业课程。当下的社会的各个领域——经济、政

---

① 高志宏、刘艳：《创新创业教育的理论与实践》，21页，南京，东南大学出版社，2012。

② 李时椿、常建坤主编：《创新与创业管理：理论·实战·技能》，4页，南京，南京大学出版社，2014。

治、法律、文化等，都与互联网紧密结合，因此，斯坦福在各门通识课程中都请了专业领域的创业专家，为学生开设互联网社会中各个专业如何创业的课程。例如，如何利用网络为更多的民众提供法律咨询，如何利用信息技术创造艺术精品等。当然，除了融入通识课程的创业知识教育外，最重要的还有专门性的创业教育课程。在大数据的背景下，最重要的是培养学生精准获取有价值信息的能力，从碎片化的个人意识下培养领导力、全球视野，以及在虚拟社会中建立社会责任心。在新时代中，斯坦福开设了 21 门专业性创业课程，如《投资管理与创业财务》《管理成长型企业》《高科技企业的战略管理》《高技术创业管理》《全球创业营销》等；同时通过案例教学、项目教学、讲座、实践等灵活丰富的创业教育形式，为学生提供各种教育资源。

第二，形式多样、优厚的创业政策。比如，上文提到的休学政策，学校允许学生脱离学校到硅谷创办科技企业、互联网企业；同时对于创业的学生给予两年时间，鼓励他们全身心地投入创业中。"不论结果好坏，学生都无须有心理压力，都可以继续回到学校学习。这些宽松的鼓励政策，使得斯坦福大学成了硅谷中最活跃的创业力量。"[1] 学校还设立了专门的斯坦福大学技术授权委员会，"专门负责合同的签署和管理，办理学生的专利申请和许可等相关事宜，以此来保证学生的先进科研项目与技术发明能迅速转变为现实的经济利益"。[2] 尤其是在互联网、信息技术社会中，保护学生科研成果的任务更具挑战性。同时，信息、数据的快速更新，对于创业而言既是机遇也是挑战。技术授权委员会当下的重要任务就是为创业学生提取、分析有用信息，帮助学生在创业的过程中少走弯路。

第三，丰富的创新创业资源。美国的硅谷是当今电子工业和计算机业的王国，是世界高科技技术创新和发展的开创者。而硅谷与斯坦福大学之间有着特殊的地缘和亲缘关系，在斯坦福流行着这样一句话："有了昨天的斯坦福，才成就了今天的硅谷。"早在 1951 年，斯坦福大学的工程学院院长弗雷德里克·特曼（Frederick Terman）决定在校园创办工业园区，将学校的土地租给当时的高科技公司使用，就这一决定彻底改变了斯坦福大学的发展格局，也奠定了硅谷的基础，因此可以说，硅谷是在斯坦福中诞生，没有斯坦福就没有硅谷。而如今，"斯坦福利用硅谷工业园区高科技企业的实验室、研究站作为学生的实习基地"，让学生在世界高新技术的第一线了解市场走向和社会需求，可以说这是世界上任何大学都没有的得天独厚的教学实践机会。学校还会利用资源优势，邀请硅谷的成功创业者为学生进行各种讲座，因此，对于斯坦福大学的学生来说，硅谷是上天赐予的聚宝盆，他们比其他学生有更多的优势与机会。同时，斯坦福大学为学生提供了丰富的网络资源。它有两个很有代表性的网站：一个是斯坦

---

① Stanford Facts, "The Founding of the University," http://facts. stanford. Edu/founding. html/, 2010-12-21.

② 马健生：《创新与创业：21 世纪教育的新常态》，52 页，济南，山东教育出版社，2015。

福创业网，主要为校内校外的创业者提供交流和互相学习的平台、宣传和组织与创业相关的各种信息和为学生搭建咨询的渠道；另一个是斯坦福创业中心的网站，这个网站为创业教育的教师提供了大量可以教授的资源，有关于创业家个人思想的视频剪辑和播客 1 600 多个，创业者的切身创业经历和感悟，为教师提供了生动的教学案例和知识。还有就是斯坦福强大的校友网络，它有专门的校友会平台，其中专职人员 100 多名，主要从事校友资源的维护和联络。那些在各个领域获得成功的校友，通过各种形式反哺学校，既有资金支持也有人脉提供，还有校友专门回校给同学们传授经验。如今，校友的资源通过网络得到了最大程度的利用。在网络中，在校大学生可以获得各种校友资源，通过网络建立的平台更加地便捷、高效。这种巨大的校友资源是斯坦福大学最大的可利用资源之一。

而麻省理工学院也被认为是美国创业型大学最成功的高校之一，其最大的特色在于将"创业活动与创业教育紧密联系起来，形成了由数十个项目和中心构成的、充满创业氛围的创业生态系统"。[①] 而这种主张将头脑中的知识转化为实用技术和社会实践的生态系统最初得益于 MIT 大学教授咨询活动，教授通过向企业提供咨询来获取收入的方式一开始备受争议，但最终得到学校认可并成为学校的教师文化，同时也为创业型生态系统的构建奠定了基础。麻省理工学院这样一套创新创业的生态系统改变了原本大学适应环境的模式，开创了大学引导环境的先河，对于学校价值理念定位和学生职业发展具有重要意义。

生态系统的基本构成要素主要有以下几类：创业组织、学生社团、创业教育、专利许可转让、创建公司等。在创业组织中，有像 MIT 创业俱乐部、MIT 创业中心、资本网络等网络组织，通过网络论坛等形式，或与校友建立密切联系，或与企业界保持自然链接，抑或通过网络寻找资金，比如，麻省理工学院非常有名的天使资金就是与资本投资者结合起来的网络；还有像专业领域的创业组织，如产品开发创业中心、数字商业中心、生物医药创新中心等，都是将创新创业融入各个领域，鼓励各行各业有企业家精神的人参与创业活动。当下，MIT 也强调将各行各业融于互联网来开展创新创业，充分利用互联网资源，打破原有时空限制，给学生创业提供无限机遇。还有开展竞争的组织，通过在校园中开展创业竞争比赛的方式来选拔创业优秀者，为其提供资金和帮助，如莱姆尔森项目在激发麻省理工学院的发明热情上功不可没，50 万美元的奖金是世界上最大的单项发明现金奖，而其中的"跨越项目"更是有助于鼓励未来的发明者。[②]

---

① "Stanford University Office of Technology Licensing About OTL," http：//otl. stanford. edu/，2011-12-27.

② ［美］亨利·埃兹科维茨：《麻省理工学院与创业科学的兴起》，王孙禹、袁本涛等译，51 页，北京，清华大学出版社，2007。

MIT的学生创业社团与创业组织有异曲同工之妙,在创业生态系统中扮演着重要角色。这些社团为学生提供了大量的课外学习与实践的机会,对创业组织而言是一个补充。而这些学生团体中最出名的当属MIT的10万美元创业大赛,现如今这项赛事已经成了历史最悠久、最负有盛名的商业计划大赛。创业大赛分为三个部分:第一是电梯演讲比赛,要求参赛者录制一个60秒的短片,将自己的创业设想和亮点通过简短的方式呈现给观众,就好像在乘坐电梯这么短的时间内向自己的客户介绍自己公司的产品和服务一样;第二是执行摘要比赛,就是精简版的商业计划书,要求参赛者将自己的创业流程用文字简单书写,这里就能看出选手的逻辑性和创造新,这一步也是进入半决赛的关键;第三是真正的商业计划大赛,通过完整的创业计划获得评委和观众的肯定,才能在比赛中脱颖而出。这样一个比赛,能够激发学生自主组建团队,不断挖掘自己的企业家潜能,大胆开发创业计划,亲身体验创业过程。迄今为主,麻省理工的创业计划大赛已促使120多家新创公司的成立,为社会提供了2 500多个就业机会,更重要的是这个平台不仅是参赛者学习的机会,更是无数准备创业的学生寻找灵感、激发创业热情的舞台。

MIT的创业教育也独具特色,学生可以自由地选修课程,不受文理科限制,文科的学生也可以选修工科的课程,工科的学生也可以修管理学的课程,这样一种学习模式可以增加学生知识的全面性,同时激发学生的创造力。而MIT也提供了超过35门的创业课程,有以创业计划为核心的课程,有以传授创业专门性知识为主的课程,还有专业技术领域的创业课程等。

在互联网背景下,美国所建构起来的创业型大学,培养了具有创新精神和创业活力的未来的经济创造者。"大学作为最主要的知识生产者和传播者,将从社会发展的'助推器'转化为经济和社会发展的'发动机'。大学通过创办创新型的高科技企业,直接参与区域创新体系的构建,直接促进经济和社会的发展。"①

### (二)美国社区学院全校性的创业教育

美国的社区大学是两年制的短期大学,类似于中国的大专教育。它的申请难度较低,因此学生的类型较多,既有以前高中辍学工作了几年以后想重新回学校读书的学生,也有高中成绩较好但是出于经济条件的考虑选择来社区学院的学生,还有一些年纪较大的想要实现自己大学梦的学生。因此,社区大学更注重实用性的教学,培养学生的社会生存能力。在当下全球信息化浪潮中,最重要的能力就是创新能力,这是创造财富的根本。在社区大学中,很大一部分学校开展全校性的创业教育,这在世界范围内也是先创。它们这么多年来的成功实践值得其他国家的学校借鉴和学习。

美国马萨诸塞州的斯普林菲尔德技术社区学院就是一所典型的全校性的创业教育学院,它也是美国唯一拥有科技园的社区学院,是电信教育、工业创新教育的领航者,

---

① 马健生:《创新与创业:21世纪教育的新常态》,26页,济南,山东教育出版社,2015。

同时在当下也是互联网创业教育的先导者。其教育理念以市场为导向，培养具有敏锐的市场观察力和适应市场变化需求的创业者；通过政府、企业、社区学院所形成的三螺旋互动合作模式，为学院与学生提供更宏观层面的创业资源和创业渠道。美国社会近些年的经济衰退将政府的管控并入重要的一环，与政府的合作能够提高学校对于市场需求变化的灵活响应。比如，随着互联网创业时代的到来，斯普林菲尔德技术社区学院适时将创业课程与创业项目转型升级，强调通过这样一个"大众创业、万众创新"的新工具来解决当下社区学生就业问题；同时通过创业协会、虚拟孵化器和多样的创业教育项目和课程，来改善社区学生就业，促进社区发展。这所学院全校性的创业教育由隶属于社区学院的商业及信息技术学院的创业学院负责。它负责的创业教育实践非常多样，既有学分式的创业教育项目（如管理学原理、创业入门等专业课程），还有非学分式的创业教育项目（如最典型的"创业荣誉学术讨论会"），以及各种培训项目，如"一天的创业者"项目、"MiddleBiz"项目、"青年创业卓越"项目、"年轻的创业型学者"项目等。此外还有许多外延拓展项目，如对员工进行个性化培训的劳动力发展培训、为新创企业提供设施和技术支持的商业孵化器和学生企业孵化器，还有系列的网络会议、智囊团服务、创业考察等项目，都能最大限度地激发学生的创业激情、提高学生创业实践的能力。当然，自始至终斯普林菲尔德都强调外部合作，较为成功的是成为 IBM 公司高校联盟计划的合作伙伴之一、与科技园内企业合作，为学生争取到了许多实习机会等。①

　　另一所美国有名的全校性的创业教育社区学院就是北爱荷华社区学院，它是一所综合性的乡村社区学院。它所开展的创业教育模式与上面所提的斯普林菲尔德社区学院非常相似，但是这些年来，这所北爱荷华社区学院越来越重视以云计算、移动互联网、物联网、大数据为代表的信息技术产业中的创新创业教育。与互联网产业的深度融合，使得这样的社区学院的就业创业率年年上升。社区学校的创新创业教育在很大程度上是时代之需求、发展之要务，在互联网时代的今天，这些学校首先需要加强知识创新、技术创业来实现学校转型升级；其次，社区学校的创新创业教育是服务地区经济发展的必然选择，社区大学的文化素质水平可能在一定程度上不如普通的大学，因此，寻求社区学院的立院根本是重中之重。社区学院应该把为社会输送高素质、高技能、创新型的高技术应用型人才作为历史使命，把创新创业的精神意识融为全校学生的文化理念，把创业的专业知识根据不同学科特点开展全校性的创业教育课程，使学生树立创新创业的精神理念，培养学生在实践开拓中实现自我就业的个人追求，在创业实践中创造社会价值，从而推动社区学院所在地区的经济发展，这是大学与社区学院共同的责任与使命。当然，这种互联网背景下创新创业教育不仅具有社会创造的价值，更具有个人实现自我的价值，也是自我实现提升的重要途径。在创新创业教育与实践的过程中，学生不完全是以创办企业为目的的，更重要的是形成互联网思维，

---

① 陈汉聪、邹晓东：《发展中的创业型大学：国际视野与实施策略》，载《比较教育研究》，2011(9)。

利用现代社会的网络优势，学会资源利用、整合、升级等，在互联网背景中形成实现自我价值的精神诉求，培养自我创新突破的个人品格、永不言弃的人生追求，这些才是创新创业教育的灵魂。

北爱荷华社区学院在创新创业教育中的具体做法主要有以下几类。

第一，转变传统的创业教育的教与学的理念。互联网社会中我们每天会面对无数的信息，并且这些信息以爆炸式的方式呈现出碎片化、无规则的状态，如何甄别这些信息，并且从这些信息中提出有效信息，成为当下教师和学生的紧迫任务。同时，对于信息知识的接受与创新是新时代互联网人必须具备的条件，网上各种各样的信息每天充斥我们的大脑，不加思考地全盘接受，最终获取的资源只能是零。同时，当下时代对于传统知识传播方式的彻底颠覆，也让北爱荷华积极寻求变革，他们将互联网作为创新创业教育中教与学的重要场所，通过线上与线下的互动教学增强学生对知识的获取，这也是对传统书本知识的必要补充。这种网络创新创业教育也提高了教学的效率和质量，为学生能力提升搭建了更大的平台。学生不仅可以从互联网中获得学习的材料，并且能够通过互联网虚拟平台创设一个逼真的实践环境，学生在网络中创建公司，互联网通过数据分析学生创办公司的成败因素，这种形式节约了实际创办公司的成本，并且更加高效、科学，值得其他大学创业教育课程学习借鉴。

第二，提升师资队伍的创新创业教育。北爱荷华州鼓励"社区教师开展互联网时代下创新创业教育的理论学习和实践研究，逐渐在专业教育中提升学生的创业精神和创业能力"。[①] 他们主要的做法是鼓励教师多到企业参加实习工作，从实践中提升自己的素质和能力；同时请大批创新创业方面的专家到学校通过开展创新创业讲座的形式与大量一线教师沟通交流，来提升教师的专业素质并且帮助教师获得讲课素材，这些都是上课教学的重要资源；还可以通过出资让优秀的创新创业教师到国外深造，学习其他国家创新创业的经验和方法，开阔教师的视野。[②]

第三，创建高校资源共享的系统。利用互联网信息传播的优势，实现各个高校之间的数据开放、资源共享，推动大数据时代下各种资源的整合与利用。北爱荷华州最主要的做法是，开发和整合社会共享的资源，为师生搭建各种创新创业教育的学习平台，并且这个平台是各个学院都可以共享的，为社区学院提供在线学习、个性化学习、终身学习的平台。

美国的这些社区学院，通过互联网产业与教育产业的融合创新了学校创业教育的理论与实践，并且以多元化的方式开展"互联网"背景下的创新创业教育，扩宽了学生的就业前景，创造了个人的社会价值，进而实现了社会的繁荣与进步。

---

① 沈陆娟：《美国社区学院全校性创业教育策略评析》，载《比较教育研究》，2014(2)。

② 白广申：《"互联网+"时代背景下高职院校创新创业教育改革探索》，载《广州职业教育论坛》，2016(2)。

### （三）社会化创业舞台的搭建

学生的创业教育仅仅通过学校的平台是很局限的，因为学校更倾向于定位为学术型的象牙塔，更多的是专业型知识的传授，并且由于资源、能力、人员等限制，在实践中突破往往需要社会化资源的帮扶。因此，搭建社会化的舞台，不仅需要政府、学校这样的主导力量全面发力，而且更需要多元化背景下社会各方力量的配合，共同构建"大众创业、万众创新"的创新创业教育平台。

在高新技术迅速发展的今天，大量新公司不断涌现的背后是大学校园的高技术创业浪潮正在席卷整个美国。大学生的创业热情空前高涨，很大程度上得益于美国高校与各个非政府组织共同构建的大学生创业竞赛计划，"这个计划不是普通意义上的大学生专业比赛，而是以实际的技术为背景，跨学科的优势互补的团队之间共同创建团队，并且通过提出具有市场前景的计划或方案，来赢得社会资金的风险投资"。美国的许多高新技术公司都是在这些创业竞赛计划中建设起来的。

当今世界，最好的高新技术产业地区当属美国的硅谷。在那里，只要创业者有足够好的创业计划或者创业项目，那么他就能够游说到一家创业投资公司为他的项目买单，并且很快他的项目就能够拿到市场中运行。只要创业者有了优秀的创业计划或者创业项目，那么其他所有的后续创业的硬件、软件设施，硅谷能够帮你以最快的速度解决。正是在这样一个得天独厚的优良环境中，硅谷创造出了世界奇迹，这也是非政府的企业组织帮助创业者成长和发展的最为成功的例子之一。像英特尔（Intel）的摩尔、葛鲁夫，微软（Microsoftde）的盖茨、艾伦，苹果（Apple）的乔布斯，惠普（HP）的休利特、帕卡德，网景（Netscape）的安德森，戴尔（Dell）的戴尔，雅虎（Yahoo）的杨致远等，都是通过社会组织提供的风险投资发家致富的。因此，这些舞台为没有资源和机会的创业者提供了发展契机，这也是美国社会企业家精神中最宝贵的财富——回报社会。

此外，美国社会中还有完善的支持系统，因而形成了宽松、自由的创业文化环境。比如，美国鼓励学生进行信用卡贷款创业，视频网站 YouTube 的创始人之一杨士骏就曾一度用信用卡支付每月高达 1.8 万美元的服务器费用；当然还有美国的商业保险制度，它为成千上万的企业家和个人提供了企业责任保险，帮助大学生将创业风险降到最低，鼓励大学生创业。[①]

## 第二节　英国创新创业教育研究

英国虽然不是最早开展创新创业教育的，但是在全球范围内也是开展创新创业教

---

① 李时椿、常建坤主编：《创新与创业管理：理论·实战·技能》，62页，南京，南京大学出版社，2014。

育较为成功的国家之一。英国创新创业教育发展之路与美国有许多相似之处，但是也有其独有的特点，值得我们思考与借鉴。

## 一、英国创新创业教育的发展历程

20 世纪 70 年代石油危机引发的经济危机，在世界范围内引起剧烈的震荡，同样使英国的经济下滑，失业率居高不下，社会稳定受到极大影响。同时，英国高校的教育理念也在悄然发生变化，从强调知识灌输的应试教育到关注学生探索求创精神的开发培养，英国的教育体制正在发生转型。这些都为英国之后的创新创业教育的起步、发展奠定了基础。

在英国，创新创业教育最初开始于 1982 年的"大学生创业"项目，为的就是解决大学毕业生就业难的问题，通过创业教育实现大学生的自我就业。在苏格兰创业基金的赞助下，大学生创业项目于 1982 年在英国斯特林大学正式启动，它通过创业教育讲座，选拔学生进行指导，以大学生自我创业的形式实现就业，解决社会就业问题。但是由于功利性太强，这一项目取得的实际效果并不理想，最终在 1990 年出于多方因素考虑被政府搁置。1987 年，英国政府又提出了"高等教育创业"计划，这一次政府不再完全以功利性为目的，而着重于培养学生的创新精神与创业能力。不少大学积极响应政府此次计划，开始对教学活动进行改革，包括专业课程学习中融入创业活动、创业型教师队伍的培养、课程创设更具有时代性等，这些都极大地促进了英国社会创业环境的构建，这个计划也被认为是英国创新创业教育理念的正式提出，具有里程碑式的意义。

1998 年，英国政府再次启动新的"大学生创新"项目。该项目主要包括两部分的内容：其一是开设创业课堂。通过企业家走进课堂的形式，将丰富的创业经历与感悟带入校园，在面对面的交流与讨论的过程中，学生掌握了创业知识。其二是创办公司。通过实际的创业过程和真正实战，学生来获得创新创业的历练。当然学生在创业过程中，能够得到创业顾问、创业导师的帮助与指导。据统计，参与该项目的高校从一开始的 17 所增加到近 40 所，目前数量仍在不断扩大，从中产生了许多大学生自办的企业，这对于改善英国就业环境、经济困境起到至关重要的作用。随后，为了进一步推进大学生的创新创业教育，政府又先后成立了英国科学创业中心和全国大学生创业委员会来全面管理大学生创业教育。此外，英国政府还出资建立了各种基金，比如，英国王子基金、凤凰基金等，通过企业界和社会的力量为创业者提供技术、资金、咨询等支持。

2004 年，贸工部下属机构"小企业服务"拨款 15 万英镑，由英国一流的商业组织和机构创设了"创业远见"，旨在在整个英国范围内传播创业精神，提升英国社会创业文化。同年，英国财政部、"创业远见"和"小企业服务"共同发表了《创建创业文化》的报告，报告中特别指出要以创新带创业，在青年学生中形成创业精神。英国创新创业教育目前已经取得明显的成效，参加创业教育的学生每年都在同比增长，开展的创新创业教育的课程也越来越多样，最后实现自我就业的人数也相当可观。

## 二、英国创新创业教育的特色

### （一）良好的政策环境

虽然英国人较为保守，缺乏冒险和创新的精神，但是英国政府在思想上、行动上走在前列，他们意识到国家创新创业教育对于民族发展、国家强大的重要意义，因此大力倡导全社会开展创新创业教育。在政治层面，政府制定了相关政策，如市场准入政策、知识产权保护政策、扩大孵化空间、减少税收等，力图使英国成为年轻人创业的最好的舞台。在经济层面，政府为创业开设基金支持。如"大学生挑战基金"旨在帮助学生把研究成果转化为市场产品；"科学创业挑战基金"主要用于帮助高校向学生传授创业知识，培养学生创业技能等。在社会层面，英国开办了各种协会，作为学校与企业交流互动的桥梁，并且作为大学生创业起步的平台。

### （二）创业教育课程开展广泛，教学方法灵活

英国的创新创业课程中有两类非常有特色的课程体系，一类是"为创业"，另一类是"关于创业"。"为创业"顾名思义就是为了创业做准备，这些课程中的教师大多数是曾经自己创办过企业的，有丰富的实战经验，他们通过小组教学的方式，模拟创业的各个环节。这样一种实践训练并且通过学校严格的技能考核，能够真正帮助学生在真实的环境下锻炼应变能力、组织能力、沟通能力、抗压能力等。而"关于创业"则更偏重于理论层面，教师通过讲授课本、分析材料、写小论文等形式向学生传授知识，是一种比较传统的教学方式，目前英国高校仍然以这种形式作为主导。

### （三）社会各界积极支持开展创业教育

英国在推行创新创业教育的过程中，充分利用了各级政府、各种社会组织和民间的力量，形成了覆盖全社会的创新创业体系。例如，各地方发展局非常重视大学生创业活动，他们为高校提供各种项目来帮助其开展创业教育实践活动；再如，英国许多非政府组织，如工业与高等教育委员会，就通过许多知名的企业、企业家与高校合作的方式，帮助学生树立创新创业梦想，培养学生创新创业的能力。同时，英国高校创新创业教育最成功的地方之一就是与企业的联系非常紧密。企业涉足大学的创新创业活动是一个双赢的过程，学校获得了资金、平台支持和成果转化渠道；企业增加了知名度，培训了员工，同时也增强了自身活力。[①]

### （四）创新创业教育模式的专业化、创新化

英国的创新创业教育在各个学校已经趋于专业化，并且在各个学段都有专门的体

---

① 熊飞、丘苑华：《中美两国创业教育比较研究》，载《北京航空航天大学学报（社会科学版）》，2005(4)。

系进行教学。在本科学段，英国将创新创业的课程嵌入学位课程，最为常见的是开设联合学位课程；在研究生阶段，为了满足学生对于专业创新创业理论知识的需求，许多学校开设了专业"创业学"的课程来供学生研读。前面所提的联合课程就是英国大学的创新教育，将创业学与经济学、会计学、法学、外语等许多专业组合，获得联合学位。"此外，英国创新创业教育细化趋势明显，新技术创新创业教育、家族创新创业教育、妇女创新创业教育等类型化创新创业教育已在英国普遍展开。"①

### 三、英国创新创业教育的实践

自 2006 年英国大学学费制度改革以来，在校学生的经济压力不断增大，自我就业成为大学生的重要选择。此外，全球金融危机以来，世界范围内大部分国家被波及并深受影响，当然也包括英国，经济不景气，就业率不断下降。正是由于英国社会经济、高等教育制度等的变迁，英国的创新创业教育发生了深刻的变化。创新创业教育在英国越来越普及，其创业教育的理论体系和实践体系都日益完善，且体现出精益化的特点。但是，英国创新创业教育的整体环境与美国相比有很大的差异。创业对于美国年轻人来说已经是一种非常普遍的生活方式，并且美国社会的创业环境自由宽松，美国成为全世界创业者的天堂；然而英国在文化气质中更多地表现出保守和内敛，因此，英国人对于需要冒险和挑战的创业怀有一种谨慎的态度，总的来说英国社会的创业发展较为缓慢，创业环境相对而言较为保守。但是，我们可以看到，在互联网时代中，英国政府和有识之士深知创业对于社会繁荣、国家经济增长的重要现实意义，因此，政府大力鼓励高校开展有广度、有深度的创业教育，鼓励年轻人通过创业实现自我发展。政府、社会、高校等社会主体共同参与创新创业教育，开展创新创业实践。

### （一）"天狼星项目"和"青年创业计划"

你是否曾梦想过大学刚毕业你的创业计划就能变成现实，就能拥有一笔数额不小的启动基金，还有免费的办公室、推荐的人脉、签证通道和一系列的优惠政策？这所有的一切都能在英国让你实现。英国非常有名的"天狼星项目"，它通过提供一系列优待政策吸引了世界各地的优秀毕业生到英国发展创业。有赖于这样一个长期的经济激励计划，英国最终借此创造了更多的就业机会。

"天狼星项目"从 2014 年 9 月至今，已经收到了来自全球 93 个国家的 1 500 多份申请，可以说正是天狼星对于各国创业者最大程度的包容，带来了世界各地的创业者对英国创业环境的信任，愿意在英国将他们创新创业的想法真正落地，这对于英国和创业者个人来说都是机遇。目前，天狼星掌管着 40 个创业团队项目，其中 25 个团队已经在英国发展壮大。团队的成员均来自世界各地，并且这些创业成功的团队能够紧紧

---

① 许德涛：《大学生创新创业教育研究》，硕士学位论文，山东大学，2013。

把握互联网时代的脉搏，将互联网融入自己企业发展的每一个环节。在成功申请"天狼星项目"后，每个创业团队会得到为期 12 个月的签证作为创业周期，每个团队成员也将得到 1.2 万英镑的项目金作为创业的初始资金，这些钱能够自由支配，以此保证创业计划的顺利展开。在这期间，创业者还会得到创业导师培训和与潜在客户见面的机会，这对所有年轻创业者来说都为其创业搭建了很好的平台。并且，政府为创业团队提供资源和投资的同时，最终不会享有创业团队的股权，这在创业项目中也是不多见的。但是，任何创业团队要想在这样的项目中获得机会，必须经过非常严格的考验。创业团队每隔三个月会接受由英国贸易投资署和创业加速中心的联合评估，评估内容包括平台是否已经搭建好、产品是否足够成熟、用户人数和投资潜力等。如果团队表现和评估要求差距过大，项目就会宣告终止，团队成员的签证也不会再被更新。因此，如果你在这个创业环境中不够努力、你的创业项目不能落地创造价值，那么注定你的创业之路将被终止。

此外，英国王室于 1983 年成立的"青年创业计划"是迄今为止最重要、影响最大的创业项目，它为资金不足的创业者提供 5 000 英镑的低息贷款，在特殊的情况下还给予高额的奖金，以此来激发年轻人的创业想法，为社会培养更多的创新型人才，更好地为国家、社会经济发展服务。该创业计划已经扶持创立了数万个新企业，如今越来越多的互联网企业在创业计划的帮助下破土而出，使得英国当下的创业环境更加宽松活跃。同时，英国贸工部下属机构"小企业服务"设立了在英国非常有名的"创业远见"，通过全国性的活动来鼓励年轻人的创业精神，提升英国社会的创业文化。英国首相的"创新计划"更是专门拨出巨款，资助英国的高校开展创业教育领域的国际交流与合作。[①]

英国社会这样的创业计划很多，现阶段还有许多与互联网相关的创业计划，都旨在鼓励年轻人通过创新精神、自我就业的形式来实现自我发展。到目前为止，英伦三岛也没有诞生一个与美国的谷歌（Google）和脸书（Facebook）一样从草根企业发展到世界性大公司的华丽转身的商业奇迹，这其中有很多原因，比如英国的"保守主义"和"绅士文化"的限制、市场规模有限、风投文化也尚未盛行、投资退出渠道并不丰富等。但是英国同样具有不可替代的优势，英国政府的大力支持以至创业门槛低，政策也相对比较灵活，而且英国有全欧洲最大的资本资源。因此，相信在世界"互联网+"的市场大环境下，英国一定能够占据先机，创造互联网创新创业发展的新高度。

## （二）多中心的协同教育

英国创业教育模式是自上而下、政府主导型的创业教育体系，因此资源投入的力度很大，也促使了这些年英国的创新创业教育迅速发展。但是，随着世界范围内政府

---

① 李时椿、常建坤主编：《创新与创业管理：理论·实战·技能》，98 页，南京，南京大学出版社，2014。

管控权开始从社会各个领域收缩，英国政府也开始将教育的权力分散给社会中的各方力量共同承担。社会各族群间搭建起像毛细血管一样丰富的机制和文化，这将关系到整个创业生态的活力和持久力。

大学生创业教育课程是多中心创业教育的基础。在英国的高校中，创业教育课程主要有三个类型：专门的创业教育课程、其他课程中的创业教育以及课程之外的创业教育。英国的兰卡斯特大学推出的创业教育课程——企业家与创业，取得了很好的反响。它旨在用创新教学的方式来培养学生的创新精神与创业能力。这些年来，它将企业家的互联网精神作为教学的重点，突出了在互联网时代下创业者必须培养的互联网思维和互联网时代创业者成功的关键因素等，并将其与自己的经验和外部的商业社会联系起来。该课程内容包括邀请企业家进行客座演讲，同时学生在课堂讨论之余，还通过网上博客进行交流，学生还要坚持写创新日志，追踪相关的商业报道，并且与同学进行交流，通过这种教学与自学相结合的模式激发学生的学习动力。除了专门的创业教育课程，英国各个大学还在其他各专业课程中融入创业教育的形式。以伦敦城市大学的游戏技术学士学位课程为例，该学位是该校的计算机专业与国内外相关公司合作推出的，除教授学生电子开发的技能外，着重培养学生的创新创业意识和能力。这些课程为学生提供了大量的企业实践机会，通过真实的游戏开发项目，促进学生专业技能的发展。此外，还有课程之外的创业教育。英国的谢菲尔德·哈勒姆大学的企业经营与管理改革学院于 2008 年开发了一个创业模块，这种学习形式通过模拟真实的创业环境，让学生在实践中感受创业氛围、学习创业知识、提升自身的创业技能和自信心。

除了学校的创业组织对学生进行创业教育外，还有校外的创业组织对学生进行创业教育，他们多以社会公益性的组织形式存在，并且以时代发展需求为背景，以开发青年群体的创业能力为己任，在社会中占据越来越重要的作用。比如，当下在英国有很多的互联网创业组织，他们通过组织一些创业大赛，让学生在这种竞争的氛围中磨炼自我、激发自我的创新动力，从而提高创业能力。这种"校企合作"的形式，可以最大程度地利用企业的资源帮助青年学生创业。英国的校企合作大概可以分为长期教育和短期培训两种形式。短期培训一般通过 6～12 个月的时间来快速传授给学生创新创业的知识，锻炼学生创业能力。长期教育又分为"2+1+1"和"1+3+1"两种形式，前一种是指两年在学校学习，第三年在企业中实习，最后一年再回到学校学习的模式；后一种是第一年先在企业实习，第二年开始再回到学校学习，最后一年再到企业工作的形式。互联网时代中的创新创业教育更适用于第二种，第一年通过实践了解社会需求取向，在未来的学习中能够更有针对性、目标性地去学习，最后一年通过实践来巩固和加强自己的创新创业知识。

在多中心的主体中，还有一方非常重要的力量——社会的学术会议。"英国教育领域的各种学会组织会经常以创新创业教育为主题开展许多的国内或国家学术会议，为创业教育工作的学者也为参与创新创业活动的创业者提供相互交流学习的机会，并积极传播相关的研究成果，以促进创业教育实践水平的提高。比如，2009 年在爱丁堡的赫瑞—瓦特大学举办的国际创业教育者年会，会议的主题就是'加强创业教育'，具体的内容主要有：'提高认识''创业教育的教学方法''行动策略'和'学习途径'；还有同年在利物浦举行的小企业与创业研究所年会，也讨论了有关小企业和创业的问题，以应对当前经济危机的挑战。"[①]

英国具备了世界上最友好的创业制度，政府、企业、高校都从不同的维度建设创业环境，这是整个英国社会都在努力的事情，相信不久的将来，越来越多的创业者能够在英国这片土壤中生根发芽，创造出英国的"硅谷"神话。

# 第三节　德国创新创业教育研究

从 20 世纪 90 年代开始，德国的创新创业教育全面铺开。通过创业教育的引导，德国大学生的创业意识明显增强。尤其是在近几十年互联网迅速发展的时代背景下，德国形成了独具特色的创新研究和创业教育体系，不断鼓励学生自主创业，为推动中小企业蓬勃发展做出了贡献。

## 一、方兴未艾的德国中小企业

可以毫不夸张地说，德国中小企业的发展称得上是一个世界奇迹。据统计，占德国企业总数 99.7％的 338 万家中小企业，其营业税占了整个德国企业界营业税的 99.3％，并提供了约 70％的就业机会和 82％的培训机会。现如今，德国越来越多的互联网企业快速发展起来，再创了德国经济发展的新高。这都得益于德国社会非常活跃的创业教育，激发了德国青年学生的创业意识，并且带动了整个社会的创业氛围。

德国健全的法律法规促进了德国中小企业的发展。德国政府设有联邦卡特尔局和托拉斯局，禁止大企业对小企业的兼并或者收购，并且严厉打击那些采取低价或提价等不正当手段打压中小企业发展的行为。此外，德国政府内部有专门的机构负责处理中小企业的事务，帮助中小企业发展，并且解决一些中小企业自身无法解决的问题，成为中小企业在社会安全稳定发展的"保护人"。德国的许多法律也在最大程度上促进、保护中小企业的发展，比如，《中小企业促进法》《中小企业增加就业法》《反对限制竞争法》《关于提高中小企业的行动计划》等，它们规范了中小企业竞争的新秩序，并且鼓励、支持中小企业的发展。

---

① 　沈东华：《英国高校创业教育的发展历程与反思》，载《当代青年研究》，2014(4)。

除此之外，德国政府给予了中小企业最大的优惠政策，对初创期的中小企业实行税收减免的政策，规定在落后地区新建企业可以 5 年免交营业税。这鼓励了很多年轻人到经济落后的地方创业，带动了当地的经济发展，也增强了创业者的创业信心。并且，对于失业者，政府也鼓励创业，给予 2 万马克的补贴，这对于失业者来说是再就业的极好的一个选择。德国各级政府还开办相应机构，对创业者和中小企业中的就业者进行培训，经费也由政府补贴。

同时，针对中小企业融资困难的问题，政府通过低息贷款、投资补贴、贴息和担保等形式最大程度地帮扶中小企业发展。"目前德国共有 2 万到 3 万家可资助中小企业的银行机构，而且申请贷款的程序非常简单。凡是创办中小企业，只要自有资金不少于投资总额的 10%，就可向德国复兴信贷银行和德国平衡银行申请 30% 的创业援助资金。创业援助贷款期为 10 年到 20 年，前两年可以不付利息，以后每年的利息也低于市场利息很多，前 10 年还可以不还本金，此项贷款由国家担保。"[①]

在德国，政府帮扶中小企业发展的方针政策非常多，极大地激发了学生的创业热情，也随之带动了创业教育的不断发展；同时，也正是德国对于创新创业教育的重视，才促使了德国经济的飞速发展。

## 二、富有时代特色的创业教育

德国拥有非常完善的创业教育组织体系，除了保障学校在创业教育中的主体地位外，还充分保障社会各界力量对于创新创业教育的监督管理，这些社会力量能够准确把握时代脉搏，也能够了解市场的需求，对创新创业教育有前瞻性的见解，这对于高校的创业教育是一种补充和完善。比如说，盖尔森基兴应用科技大学中的创业教育由三个部门负责：执行局、董事会和顾问委员会。其中，顾问委员会就是由企业家、政府行政人员、政治家以及社会各行各业的代表组成的，主要提供教育实践方面的建议和帮助。

德国的许多高校还建设起了系统的创业教育课程体系，包括"企业家精神训练、企业创业管理、创业法律法规、商业计划书、财务管理、市场调研、新产品开发等十几门课程"。[②] 这些课程通常结合学校和专业的特点，并且根据学校特色开展相应的课程。比如，波斯坦大学偏重艺术设计的创新培训课程、柏林洪德大学的高新技术创业理念培训、科特布斯大学的专业创新课程等。同时，在这个创业课程体系中，最重要的是学生有较大的课程选择的自主权，学生既可以选择就读注重培养生存性创业教育的职业培训学校和职业高等学校，也可以选择更注重所学专业的创新理念的

① 孙珂：《21世纪英国大学的创业教育》，载《比较教育研究》，2010(10)。
② 李时椿、常建坤主编：《创新与创业管理：理论·实战·技能》，143页，南京，南京大学出版社，2014。

培训和高质量创业项目的扶持的这样一些综合性的大学。但无论选择在哪里就读，只要有富有创意的设计理念，那么德国的高校就会给予你极大的支持。你可以带着你的创业计划书进驻大学校园孵化器，并且得到那里的教师的帮助和辅导。这样有针对性地扶持技术含量比较高、创新性强的公司，其将来走入市场会有更大的生存能力和竞争意识。

德国的创新创业教育注重与实践相结合，比如，举办种类繁多的创新创业比赛，以慕尼黑的创业计划大赛为例，大赛将学生创业与时代需求相结合，在开办赛事的十几年中，成功走出了500多家企业，为社会创造了几千个就业岗位。还有的创新创业教育将课堂教学运用于实践之中，如慕尼黑大学的商业设计课程，学生根据教学的理念和设计的原则写出自己的企业规划计划，并由学校的专家评审，对于具有实际操作价值的则运用于企业实践之中。此外，德国还积极创办大学生的实践平台，如高校与政府、企业等合作，整合资源，共同搭建学生就业创业实践平台；同时，充分利用互联网这一工具，建立起学生与社会各界的交流与合作，为大学生创业就业提供有力支持。

# 第四节　法国创新创业教育研究

"企业家"一词最早源于法国，但是法国鼓励创业和发展创业教育却不是最早的，也不是最积极的。美国在第二次世界大战结束以后不久就开始鼓动社会成员进行自我就业、鼓励创新，而在法国，创业教育的起步却较晚，一直到20世纪70年代以后，才陆续在几所大学开办了创业教育的课程，而真正的起步应该是在20世纪90年代以后了，这时法国才重视将创业的相关知识和技能的教学融入大学课程中去。法国的创新创业教育实践主要有三个方面：第一，将创新创业教育融为高校教育的一部分；第二，将专业的知识体系教学与学生的创新创业实践相结合；第三，国家的政策法规支持、促进创新创业教育实践。

## 一、创新创业的教育体系

在法国，第一所开设创新创业教育的高校是巴黎高等商学院，之后也只有零星的几所大学开设了创业课程。真正发展起来是在1997年创业教育领域的教师和专家学者共同创办的创业学院，它以鼓励教育各个层级开展创新创业的终身教育为宗旨，以促进科技发展及其成果转化为目标，极大地刺激了创新创业教育的发展。

法国的高等教育体系是"两轨制"：大学和大学校。大学校主要是为满足工业社会发展的人才需要而创建的，它的教学目的有更强的实用性、职业性，因此大学校更加注重创业教育并且创业教育的体系也更加完善。比较有代表性的就是巴黎中央理工大学，"它们以培养具有高科技素质的通用人才、能够领导创新项目的专家以及具有开阔视野的创业家为目标。它们的教学都与'企业'密切相关，企业可以直接参与到教学环节中去；并且相关企业与学校进行合作，接纳学生参与实习；同时企业参与校委会，与校行政委员会、学术和研究委员会共同承担学校的管理工作。"[①]为了让学生具有创新创业的意识，了解世界的最新发展动态，新生一入学就会参加两周的研讨会，以充分认识当今世界的一些"机遇与挑战"，比如说这些年涉及的话题有能源、环境、信息技术、互联网、城市化等，基于这些让学生知道当今世界最关注的话题是什么以及市场的需求是什么等。到第二学年和第三学年，学校会开设具有特色的创业课，旨在帮助有创业计划的学生实现创业梦想。"教学内容包括从创办公司和公司管理的角度对战略决策、市场财务进行综合性讲解，培养学生的创业者气质和能力，比如全盘地考虑问题，质疑接收到的信息，学会创新性思维，树立自信，学会说服别人，学会团队管理，进行挫折教育等"。[②] 同时，它和许多创业型的大学一样，成立了自己的孵化器，现在越来越多的网络科技公司从巴黎中央理工大学中走出来，为社会成员的就业和价值的创造做了不小的贡献。

## 二、创新创业实践平台的建设

在法国，许多的创业型大学与企业共同创建了"创业中心"和"创业之家"，这些创业中心和创业之家不仅要培养学生的实战能力，更重要的是提升学生的创业精神和创业意识，同时这些创业中心也是一个交流的平台，在这里，学生可以和企业家进行沟通，获得创业建议。2013年，时任高等教育与科研部部长的菲奥拉索提出了要在2013—2016年建立30个学生创新、技术转换和创业中心。而这个中心的建设与互联网的发展密切相关。互联网时代有无数的商机，但同时也会有比传统行业更多的挑战，你可以在网上以非常简便的程序成立一个公司，但要想让企业在这个时代中成功脱颖而出，必须具备企业文化的创新意识、思维方式的创新理念和企业管理的创新行动等。此外，在这个时代中，最重要的是具备互联网思维，而互联网思维是对传统理念的颠覆性的思考，是创新型的思维模式。学生创新、技术转换和创业中心就是以时代需求为背景，培养学生的互联网创新创业思维。

## 三、支持和激励的政策

政府颁布了法律条例来保障大学生的创新创业实践。2008年，法国颁布了新的《经济现代法》，国家允许个人，包括工薪阶层、失业退休人员及在校大学生从事营业活

---

① 陈文、赖炳根、关福远：《德国高校创业教育特点及启示》，载《学校党建与思想教育》，2012(10)。

② 刘敏：《法国创业教育研究及启示》，载《比较教育研究》，2010(10)。

动。成为个体经营者，办理的手续非常简单，而且还能够获得国家相应的补助和税收优惠。同年，法国又颁布了《大学自治与责任法》，特别强调了大学生的创新创业教育，促进科研成果转化为生产力。

2009 年，法国教育部联合相关部门和协会组织发起了"大学生—创业者"计划，将创业融为了高等教育的一项政策方针，在全社会进行推广。2013 年，法国"国家创新计划"提出，要求高等教育领域要培育创业和创新文化，继续加强校企合作，进一步推进了法国创新创业教育的发展。

政府为大学生创新创业提供了大量的援助。法国高等教育与科研部从 2014 年启动"汤普林大学生创业奖"，为大学生的创新项目提供资金支持。这些年，"汤普林大学生创业奖"大部分颁给了与互联网密切相关的创业计划，也体现出了这个奖项紧跟时代步伐的特点。而法国的另一个困境就是税收，法国政府由于财政上的不足和政治意愿的缺乏，导致大幅度地削减税收变得非常困难。但是法国政府从世界发展趋势中看到了大学生创新创业对于一个国家经济发展的重要性，因此出台了 14 项政策以激发全社会的创业动力，这其中就有法国给予高校年轻企业的支持，通过减免税收等形式，帮助年轻企业创建和发展。此外，法国教育部还成立了 28 个创新孵化器，"这些企业孵化器建立了经验丰富的团队，在空间、设备、智力支持和融资方面为创业项目发起人提供个性化服务，来满足创业者创办企业的需求以及帮助解决创办企业过程中的各种困难。2000 年到 2014 年，各孵化器为 4 000 余个创新项目提供了支持，五年间，由各孵化器支持成立的创新公司达 2 700 多家"。[①]

## 四、积极促进产学研结合

法国的创新创造能力很强，从阿司匹林到首次全球生产的内燃机，都成为改变世界的发明创造。虽然法国的创新能力很强，但是转换为实际生产力的能力却不高，因此对于法国来说，最需要解决的是高校与企业进行合作，将创新创业的计划与技术转换为真正体现价值的实物。这些年，法国也采取了许多做法拉近了学生和企业的关系。比如，法国有 300 多所高校创办了《创业参考》，它不仅提供了创业的知识和创业的信息，还宣传了高校与企业之间的合作关系，并且在期刊上登出了许多高校与企业合作的项目，学生都可以利用这些资源来创新创业。

2015 年 12 月，法国教育部部长贝尔卡桑宣布将进一步加强学校与企业之间的联系。"高等教育与科研部的目标是每一位初中生都能参观一次企业、与一位专业人士交流、有一次实习机会、做一个具体项目。"[②]学生通过与企业的接触，知道现在社会需要怎样的人才，以后在自己的学习生涯中更有针对性和计划性。并且在这样一个后现代

---

①　刘敏：《法国创业教育研究及启示》，载《比较教育研究》，2010(10)。
②　张力玮：《法国创业教育发展历程和政策举措》，载《世界教育信息》，2016(9)。

社会中，依靠互联网这个媒介，学校和企业之间的联系更加方便了。在大数据时代中，学生也可以从互联网上获取更多有用信息，成为自己创新创业的指南。

# 第五节　亚洲四国创新创业教育研究

20世纪六七十年代以来，美国凭借创新创业教育使得其经济发展再创辉煌，这成为美国经济腾飞的秘密武器。之后，许多国家开始效仿美国，在高校掀起了创新创业教育的高潮。创新成为经济发展的极大动力，也成为这场信息技术时代"无硝烟"战争胜利的关键。此后，亚洲的许多国家，如日本、韩国、印度、新加坡等都开始部署本国内的创新创业教育体系和创新创业教育实践，培养富有挑战性的人才。

## 一、日本"官产学联合"的创业教育体系

日本的创新创业教育是从20世纪90年代发展起来的，最初它的发展是带有很强的功利性的，希望通过创业带动国家经济的发展。但是之后，整个世界按照创新发展的理念向前迈进，因此，对于日本来说，创新成为国家发展的重要命题。而且，在20世纪末，针对全世界60多个国家的创业精神的调查发现，日本的创新创业精神排名倒数第二，这对日本来说是一次警示。所以重视创新创业精神的培养成为日本社会发展的当务之急。

在当代，日本的创新创业教育有自身的特色。日本是一个强调集体意识的民族，强调对于国家、政府的服从，不强调个人主义和冒险精神。因此，日本的创业教育以政府为主导，以高校和社会为辅助。政府作为主力军，出台了一系列创新创业政策，并且开展了许多的活动，计划推动高校创新创业教育体系的发展。2000年，日本教育改革国民会议提出了企业家精神，并且将大学的创业方向与地方特色产业紧密地结合起来，通过学校创业将科学研究转化为地方生产力，推动日本各个地区的经济发展。此外，日本的经济产业省、文部科学省、厚生劳动省将创业教育作为国家发展的重要课题，共同推进创业教育发展。"从'青年自立挑战计划'的'政策联合部署'到《技术专业促进法》的颁布，从教育科研体制的系统改革到创业教育研究的'国际参与'，日本政府在创业教育系统中扮演了指导者、推动者和协调者的角色。"[①]日本政府为了鼓励年轻人创业，简化了新公司申请的程序，要求公立银行加大对大学生创业的融资力度，并且给予创新创业公司政府补贴等。

企业在创新创业教育中扮演着重要角色。在日本，企业以更积极的姿态出现在大学校园中。比如，产业界与学校合作成立的技术转移组织（TLO）"致力于以科技成果商

---

① 李志永：《日本大学创业教育的发展与特点》，载《比较教育研究》，2009(3)。

品化为目的的技术转移，还通过提供技术、管理等方面的人才以及直接投资等方式开展创业活动。TLO作为科技中介组织，是大学与企业界沟通交流的重要平台，它在实施技术转移的同时得以掌握并迎合双方需求、降低信息不对称程度，对大学创业活动以及大学创业企业的成长有正面的促进作用"。[①] 同时，日本的企业为学生提供了大量的实习机会，尤其是现在以虚拟网络为主的互联网公司，使学生以更简便、快速的方式参与到实践活动中去，提高了效率，也降低了双方的成本。

在大学方面，日本认识到创新创业教育对于一个民族的重要性，所以大力开展创业教育，并不断更新自己的创新理念。在大学原有的基础设施的基础上，日本创办校园孵化器、创业辅导机构等来引导整个学校的创新创业氛围，并且加强与校友的广泛联系，建立校友沟通网络，利用校友资源帮助在校大学生就业创业。在创业师资方面，日本导入具有优秀创业家资质和创业经历的"双师"，以此来提升创业教育的质量。此外，创业教育是从小学到大学的连贯体系。例如，小学生会利用早上课前的两三小时做勤工俭学，给人送牛奶、送报纸等，目的是培养学生创业就业的意志品质；在中学，日本教育部在"综合学习时间"内开设创业发明大赛、动手练习、网络小卖家等活动，为学生开拓创业思维奠定基础；在职业类的高等技术学校，日本开展了各种创业教育的培训课程，来拓展学生的就业渠道；而在大学阶段，日本开展的创新创业课程与时代需求紧密结合，并且以服务社会、服务民众为己任的创业更具有开创性。这一系列的创业教育，为学生想创业、会创业、能创业，为创业转化为现实的劳动生产力奠定了基础。

## 二、韩国兼容并包的创业教育体系

1997年亚洲金融危机和2008年全球金融危机给韩国的经济发展带来了极大的影响——整个国家的失业人数骤增。韩国高达80％的大学入学率也是世界之最，但金融危机使得大学毕业生面临空前的就业压力。如何将就业压力转化为创业动力，以创业带动就业，化解经济压力，成为韩国政府亟待解决的社会问题。21世纪初期，韩国青年的就业观念也是相对保守的，他们宁愿过"独木桥"，争抢大企业或政府事业单位的为数不多的就业机会，也不愿意冒险下海经商。因此，政府和整个社会都必须努力塑造一种全新的社会就业观念。之后，韩国政府强调"科技立国"，制订了《面向2025年的科学技术发展长期计划》，目标是至2025年，韩国科学技术竞争力在世界上居第七位，信息化指数居第五位，科技对经济增长率的贡献度达30％，技术贸易指数为1以上等，以推进技术对于韩国经济发展的引导作用。韩国政府认识到科技发展的重要推动力就是教育，尤其是创新创业教育的发展。因此，韩国政府提出了一项高等教育改革计划"BK21工程"，旨在进一步改革和完善高等教育体制，集中人力、物力、财力，有重点地把一部分高校建设成为具有世界一流水平的研究生院和地方优秀大学，培养

---

① 李志永：《日本大学创业教育的发展与特点》，载《比较教育研究》，2009(3)。

21世纪知识经济与信息化时代所需的新型高级人才和国家栋梁。① 经过多年的努力，韩国大学生的创新创业观念发生了很大转变。近几年的调查研究发现，韩国大学生选择自主创业的比例高达50％以上，而且韩国大学生创业成功率极高，在世界上也位居前列。创新创业精神在学生心中的塑造，成为创业在韩国土壤中扎根的根本原因。

在互联网时代的背景下，韩国创业教育的实践主要有以下两个方面。

第一，开展了网络化的创业培训课程。韩国的雇用信息院开设了题为"大学生发展方向"的网络教育课程。课程不仅提供与创业相关的信息，还举办与创业相关的专题和专业培训班。通过网络开展教育，可以保证效率、节约成本，并且网络资源的重复利用可以确保更多的学生获得更多的优质教学资源，这是传统的教学方式无法实现的。

第二，韩国除了少数大学设有本科阶段的创业教育课程外，更多的大学是将创业教育作为一个知识点穿插在专业课堂中，作为一个补充知识点，因此没有得到学生的重视。韩国高校在实践的过程中，走出了一条有特色的研究生阶段的创业教育课程体系之路。从2004年开始，韩国分别在首都圈的湖西大学、江源圈的中央大学、忠清圈的大田大学、庆尚圈的晋州产业大学和全罗圈的艺园艺术大学开设了研究生阶段的创业课程，并且根据地方特色开设相应的创业课程，以满足当地经济发展的需要。"湖西大学的创业研究生院以首尔国际化发展思想为依托，力争培养世界一流的创业人才。中央大学以培养农业、制造业、服务业等产业的创业者为目标，课程以创业环境经营、创业资源管理、CEO领导力等为核心内容，此外，还特别设立了'人参最高专家'和'保险MBA'等课程。大田大学的创业研究生院以创造创业神话为教育理念，主要是为大田培养技术创业型的人才，以满足大量的科技型企业和风险投资企业的需求。"②韩国现在的创业研究生院的规模越来越大，并且韩国政府每年会投入近百亿来资助创业研究生院的发展。与网络相关的创业课程也应运而生，如何形成互联网思维、如何运用互联网快速建立网络连接、将传统行业融入互联网创造更大的市场价值，通过相关的创业课程，学生都可以一一了解和掌握。在这些知识的教学中，也穿插了实践学习课程，即通过虚拟平台创建公司，从中找到自身的优点和弱点，并且预测在创办企业的过程中会遇到的问题，积极想解决对策。这不仅锻炼了学生解决问题的能力，也培养了学生的创新创业精神。

## 三、印度创业发展学院的创新创业实践

印度早期的创业精神较弱，创业率较低。但是印度政府认识到创业是促进经济增

---

① 李时椿、常建坤主编：《创新与创业管理：理论·实战·技能》，79页，南京，南京大学出版社，2014。

② 孙启林、安玉祥、艾宏歌：《韩国"教育立国"与"尖端科技立国"发展战略再探》，见《朝鲜半岛问题研究文集》，2001。

长和创造就业机会的一个关键因素。同时，对个人来说，创业也是加速个人成长、提高个人的责任意识、提升个人的生活品位的重要路径。尤其是对印度这样一个经济发展还较落后的发展中国家来说，创新创业教育尤为重要。印度的几大困境促使其认为创业教育迫在眉睫：第一，印度人口激增，导致适龄工作的人口比例越来越大，但是社会提供的就业岗位有限，最终使得大量的印度人处于失业状态，影响整个社会稳定、制约国家经济发展；第二，印度的基础设施建设、宏观经济环境、卫生与初等教育和高等教育的水平都较低，开展创新创业教育已经成为激活印度社会各个领域发展的关键措施之一。通过多年的努力，现在印度的创业教育走在发展中国家的前列，大约有13％的人在创业起步阶段接受过创业教育，这也是印度政府认识到创业教育的重要性、重视创业教育的结果。并且在印度，自主创业成了一种共同的生活和工作方式。印度的自主创业涉及了社会的各个领域，但主要还是围绕印度的支柱性产业——IT产业展开的，创业极大地推动了印度的经济增长。

　　印度创新创业教育的实践主要有三种模式：创业发展学院模式、商学院模式和创业中心模式。其中，最具有印度特色的当属创业发展学院模式。它注重创业技能的培训、创业理念的熏陶、创业课程体系的完善和创业教育对象的扩大。首先，创业发展学院强调创业的根本目的在于塑造企业家精神，因此，它在课堂的每一个环节都注重培养这样的精神。而在创业技能的培训中，除了课堂专业知识的教学外，最重要的就是各种形式的实践活动。它有为期8～10周的暑期实践活动。学生在实践活动中学习企业管理的具体运用。其次，通过类似于"详细项目投资报告"和"五年远景规划"的项目体验活动，学员尝试规划项目流程，最终由专家评委打分，并且由专家指出项目的优点和缺点，这对学生以后真正投身于创新创业有很大的参考价值。创新创业的实践活动还包括企业家互动。创业发展学院定期邀请成功的知名企业家为学生讲创业的经验和方法，这不仅有利于学生学得知识，更重要的是能激发学生创新创业的热情。"Microma的创始人之一维卡斯简先生、Net Matrix Solution的创办人潘卡吉麦哈尔什马尼先生、Chipmonk的创始人之一潘尼德萨马先生等成功的创业人士都曾经参加了创业发展学院的'企业家互动'活动"，[①] 并且取得了很好的反响。最后，创业发展学院还开展了与国外的创业学院交流互动的学习，拓宽了学生的国家视野，使学生了解世界的最新动态，同时学习、借鉴国外创新创业教育的成功经验。"比如：创业发展学院为学生安排访问中国和东南亚领先大学的机会。2012年暑假，在中国西南财经大学举办的第一届国际学生夏令营就有3名印度创业发展学院的学生参加；另外还有昆明理工

---

　　① 林钟鹤：《韩国高校创业教育发展与创新——以五所"创业研究生院"为例》，载《比较教育研究》，2013(5)。

大学科学技术学院与印度创业发展学院签署的学生交流计划等。"①

印度创新创业实践有几个特点：关注创业精神的培育，这是创业活动展开的根本，也是一个国家创业教育能够长久发展的关键。印度向学生强调要创造平等的创业就业环境，鼓励学生积极参与创业活动、树立正确的创新创业观，通过创业承担起社会责任。创业不仅是实现自我就业，更重要的是能够为社会创造更多的就业机会，这也是印度创业者的理念。印度通过创业缓解了居高不下的失业率，对社会稳定、国家安全都具有重要意义。

## 四、新加坡创新创业教育的体系化实践

新加坡是亚太地区开展创业教育较早的国家之一。创业教育已经是新加坡教育体系、社会体系、教育研究体系中的重要组成部分。新加坡是个岛国，既没有地理优势，也没有资源优势，因此，新加坡在很早的时候就开始利用外国资源促进本国的基础设施的建设，以此吸引国外资金的投资。同时，新加坡将年轻的学生送往德国、美国、法国等发达国家进行学徒式的见习。这些举措都推动了新加坡经济的转型升级，从原本的劳动密集型的低端产业转向高附加值的高科技产业。"从20世纪90年代开始，新加坡将目光转向全球，寻找金融、技术、人力信息等各方资源，积极吸引海外投资、建立工业园区，由此新加坡的创新创业教育进一步发展。"②近些年，新加坡更是建立了一套从小学到大学的更为完整的创业教育体系：在小学阶段，通过"虚拟股份"的游戏，培养学生的商业意识，提升学生探索发现的能力和团队合作的精神；在中学阶段，通过在专业课程中穿插商业创业知识的方式，让学生了解、掌握基本的知识体系；在大学，不仅有本科生的创业辅修课程，还有专门面向研究生的"创新创业"课程。此外，新加坡还有大学孵化园和科技园，为学生提供实践的平台。

新加坡的创新创业教育已经呈现出完整的一套体系：创业政策的系统化、创业课程的体系化、创业资源的现代化、教育成果的产业化。在创业的政策上，新加坡政府每年用于风险投资、技术转移和创新创业的资金投入不少于20亿新币。同时，政府还有一系列的扶持政策："新成立公司的税务豁免计划，协助起步公司维持现金周转与盈利；起步企业的发展计划，促进创业企业融资；科技企业董事及顾问计划，为起步公司、小型企业提供建议和策略性的指导，鼓励私人企业投资于创新项目或开发在全球销售的创新产品。"③新加坡的创业课程体系非常完善，多数大学采用了学分制，并且不断更新课程的设置和内容。高素质的教师队伍也是新加坡创业教育的重要保障，"新加

---

① 徐小洲、李娜：《印度创业发展学院开展创业教育的经验与启示》，《高等工程教育研究》，2014(5)。

② 李霆鸣：《新加坡创业教育的发展及其对我国高校的启示》，载《职业技术教育》，2008(7)。

③ 同上。

坡很多大学的商学院、管理学院的教授曾经都有过创业的经历，甚至担任过一些大型企业的董事，这使得他们对创业领域的实践、未来发展趋势以及创业教育的社会需求有着敏锐的洞察力和良好的把握能力。"①而在创业资源的现代化中，主要有教学设备的现代化和教育方式的现代化。比如，"新加坡国立大学拥有校内电脑3 400多台，并通过互联网与世界5 000多个大专院校和研究中心保持密切联系；国际咨询服务终端已与海外400多所资料库建立了联系，这极大地带动了包括创业教育在内的高等教育现代化的发展。"②教育方式的现代化表现在，学校不再用传统的课堂教学方式，而在教学过程中采用创新互动式的教学模式，通过交流，在潜移默化中增强学生的自信心，提高学生的沟通和思辨能力。新加坡的学校还采用网络实战模拟和课外实践等方式，让学生在过程中学习知识。

## 第六节　国外创新创业教育的特点

在"互联网+"时代背景下，原本孤立、散落的社会主体，因信息通信的发达、交通运输的便捷联结在了一起，彼此之间形成网状命运共同体。没有谁成为绝对的中心，每一个主体都是网状格局中关键的一环，并在自己的位置上发挥着独一无二的作用。当然，在这个网状格局的环境中，整体的协同运作能够产生1+1＞2的效应。这就如同人一样，个体每个器官的加总能够产生器官自身不具有的整体性的功能。因此，现代社会越来越强调要协调统筹各个主体之间的关系，发挥各个部分的优势，以产生成倍的效应。

许多国家和地区都把创新创业教育作为推动经济发展、科技进步以及创造就业机会的重要动力，高校的创新创业教育也因此普遍受到重视，发展水平也较高。在不同国家和地区，高校创新创业教育各有特点。如美国模式以创新创业教学为核心，英国和德国等欧洲国家的模式体现职业教育特色，亚洲模式注重文化塑造。通过观察和总结各个国家创新创业教育实践的特点，我们发现，每个国家都充分利用了网状格局来推动创新创业教育，通过"4+1联动"推动社会创业实践。其中，"4"是指政府、高校、社会、企业这四个主体；"1"是指发挥自身的主观能动性。创业教育的根本推动力量不在外部的因素，而在自身的主动学习、主动接受。"4+1联动"的创新创业教育实践，与之前由政府和高校绝对主导的实践路径相比，能够充分利用社会中各方的资源，通过资源整合来实现最优化效益。

① 李霆鸣：《新加坡创业教育的发展及其对我国高校的启示》，载《职业技术教育》，2008(7)。
② 同上。

### 一、政府需在"互联网+"创新创业中发挥主导作用

在创业实践中，每一方主体都是网络格局中的关键一环，没有绝对的网络中心，这是当下互联网时代的新特点。但是，政府依然占据主导地位。政府需要统筹各方力量，整合多种资源，发挥自身优势，优化创业教育，进而培养大量的创新创业型人才，推动国家经济的持续稳定和繁荣。

通过对以上8个国家的创新创业教育的实践研究，我们可以发现，各个国家的政府有相似性的行动路径。

首先，政府的教育部门通过设立相关的创业机构，带动了整个社会的创业氛围，同时举办各种创业活动指导社会各方力量积极参与创业实践。比如，英国的全国大学生创业委员会负责全国的创业教育，同时连接高校与地方，为创业教育提供决策参考。美国的创业中心通过分析社会的经济走向、所需要的专业人才，为高校创新创业教育出谋划策。

其次，政府通过颁布相关的法律、政策来支持创新创业教育实践。英国主要由四个部门（教育与技能部、贸工部、财政部和首相办公室）制定与创新创业有关的政策和法律。美国和新加坡颁布了许多税务减免的政策，鼓励中小企业的发展，也在整个社会上营造了一种亲商环境。许多重视创新创业的国家都把培育创意和创新文化、繁荣创业精神作为一项长期的策略方针。法国为了鼓励学生创业，给予"高校年轻企业"优先地位，通过减免社会保障分摊金和税收，帮助年轻企业渡过创业最困难的时期。

最后，政府还通过各种基金补助创新创业型企业，扶持中小企业的发展。德国政府通过低息贷款、投资补贴、贴息和担保等形式解决中小企业融资困难问题。同时，各大高校在政府的支持下建立了创业基金会，支持大学生毕业后自我创业来带动国家经济的发展。法国高等教育与科研部设立了"汤普林大学生创业奖"，为大学生创新项目提供资金支持。英国政府则设立了各种基金，如英国王子基金、新创业奖学金、凤凰基金等，为青年创业者提供资金支持。

### 二、高校是"互联网+"创新创业型人才培养的主阵地

教育工作主要是由高校开展的，高校在创新创业教育中扮演着不可替代的角色。高校在政府和产业界的密切配合下，不断地更新创新创业教育理念，引入最新的创新创业观念，并结合时代特色开展创新创业教育课程。各高校还在原有的基础设施上，加强创业孵化器、创业辅导机构的建设，同时通过网络平台加强与校友、创业企业家的联系等。

高校在创新创业实践中的具体行动路径总结来说有以下几点。

第一，从美国和英国的实践中可以看到，许多知名大学开始向创业型大学转变或者在学校中开办创业学院。创业型大学的办学理念是要求将知识转为技术，把技能转

化为生产力，大学的任务不再止步于学术研究的成果，而是强调最终要学以致用，将学术界与产业界结成伙伴关系。同时，创业型学校形成了一种宽松自由、鼓励创新的创业文化环境，美国的惠普、雅虎都是在这样的环境中创办起来的。创业型大学除了以创办企业为目的外，更重要的是培养学生的开拓性、创新性和进取性的创业精神，这对个人的成长来说是终身受益的。创业型大学中较为成功的当属美国的斯坦福大学和麻省理工学院。

第二，美国、德国、英国、法国的许多高校开始将创新创业课程纳入学分制的课程体系中，使创新创业课程从原来的辅修课程变成现在大学生和研究生的必修课程，从最早是管理学院和商学院的课程成为所有专业学生都可以选修的课程。并且，世界各大高校的创业课程内容与专业结合得更为紧密了。针对不同学科开展不同学科的创业课程，无论是工科还是艺术类院校，都可以通过本专业的创业来实现自我价值。当然，在创新创业教育中，教学方式也越来越灵活多样。课堂上不再只是教师单一地传授课堂知识，而是通过师生互动来实现参与式的课堂学习。教师在课堂上教授成功和失败的案例，与学生共同分析，让学生从中得到经验教训。此外，学校还会邀请创业者、企业家为学生讲授他们的创业过程，和他们分享自己的创业故事，每个学生都能从中得到自己创新创业的感悟。

第三，各个国家的高校都为学生创新创业提供了丰富的资源。美国的高校利用硅谷带来的资源，如以硅谷工业园区的创新企业为实习基地，让学生了解市场的最新动态和技术需求，为今后的创新与创业打下基础。许多高校利用网络资源，为学生提供创新创业教育的素材和网络模拟练习的平台。在互联网信息共享的时代，通过网络，教师和学生都可以足不出户地获取各个国家最好的创新创业资源和素材。这对学生将来的创业实践是一笔宝贵的财富。美国大学的创业中心和孵化园也为学生提供了丰富的资源，除了提供创业教育外，创业中心和孵化园还开展了多种多样的创业实践活动，以开阔学生视野、锻炼学生意志。此外，创业中心和孵化园还为创业的学生和新创企业提供咨询与帮助，共同解决创业初期的问题。创新创业教育的资源中还有一个必须提到的就是校友资源，通过互联网络连接世界各地的校友，充分利用校友的人脉资源，创业者可以获得更多的讯息和机会，也可以获得更多职业的资源支持，从而获得更大的成功。

## 三、企业和社会是"互联网＋"创新创业人才培育的第二课堂

在传统的观念中，政府和高校是创新创业教育的绝对主体，无须再有其他的力量参与到教育领域中来。但是，随着互联网信息共享时代的到来，创新创业教育不仅局限于政府和高校领域，越来越多的社会力量成为人才培育的第二课堂，他们利用自身灵活的组织形式、丰富的可利用资源等优势，在创新创业教育领域发挥着独特的作用。

第一，企业最重要的就是提供实践教育的平台。每个国家都会充分利用企业这个资源来开展创新创业教育，因为通过实战演练最能锻炼学生的综合能力。这些实践机

会不仅给学生带来利益，而且能给企业带来新鲜的血液，带来创新发展的灵感和动力，也带活了整个国家的创新创业氛围。例如，英国、美国的许多企业和高校合作，将高校中的技术理念转化为造福百姓的实用技术，真正地创造社会的使用价值，不仅能够为企业带来利润，而且对于高校来说也是一种机遇。高校可以从中获得资金，改善自己的创新创业的基础设施环境，提升创业教育的质量。

第二，现在各个国家的创新创业教育还得到了社会中各方力量的广泛援助和配合。社会中的各种非营利性组织团体开展了各种创业教育活动。比如，举办创业大赛，不仅能够培养学生创业实战的能力，同时也是风投者发现项目的平台，在大赛上脱颖而出的创业者都能够获得风投的资金支持，作为创业项目的起始资金，这对于资金有限的年轻人来说是一个极好的机会。

### 四、个体是"互联网＋"创新创业教育中的灵魂

在"4＋1联动"的教育路径中，无论是政府、高校，还是社会、企业，都在创新创业教育中发挥着至关重要的作用。但是，这其中的灵魂人物还是每一个参与创新创业的创业者。这些人才是保障创新创业成功的关键因素。他们是创新创业教育开展的动力，正是他们对创新创业教育的需求，才会鼓舞政府、高校不断地完善创新创业教育体系，才会使整个社会形成一种亲商、勇于创新、勇于拼搏的文化精神。当然，也正是因为创业者的社会创造活力被激发，社会中的每个成员会在竞争、创新的社会氛围中寻求自我突破，国家的经济也在这样的环境中发展起来。

在互联网时代，创业者需要培养的创新创业精神中最重要的是互联网思维。互联网思维中最重要的特征就是"平等"和"开放"。对每一个创业者来说，在互联网时代，每一个人都有平等的机会，每一个人都拥有同样的开放的资源，所以这是最公平的时代，就看创业者能否拥有互联网思维，把握机遇。

第一，创业者必须拥有"用户思维"。互联网时代，新创企业必须以用户为中心，根据用户的个性化需求提供多样化的产品，这才是企业成功的关键。

第二，创业者要有"简约思维"。现代的创业者不能再以大而全作为企业的竞争核心了，必须以简约作为产品发展理念，如苹果以其简约的风格和功能获得了全世界无数"果粉"的认可。

第三，创业者要有"迭代思维"。互联网时代的企业不能再保守地等待用户反馈，然后花2年到3年的时间研发新产品。现在产品的更新换代速度已经惊人，因此企业必须有一种急速发展的思维，在与用户的碰撞中把握用户需求，不断完善产品。

第四，创业者要有"破坏式的创新思维"。创业者不能再故步自封地走原来创业者的老路了，不能别人生产什么盈利，自己就做搬运工，复制别人的产品，这在当下的时代绝对不可行。要想在市场中占据一席之地，创业者必须突破旧有的生产方式和生产思维，通过颠覆性的变革来实现创新创业，这才是未来新创企业的生产之道。

第五，创业者要有"跨界思维"。现在的创业决不仅仅局限在一个领域，互联网时代不仅要求各个行业的联合，更需要实体经济和虚拟经济的融合。只要掌握了用户和数据资产，创业者就可以参与跨界竞争。跨界也变得越来越普遍。

第六，创业者要有"大数据思维"。在互联网数据时代，谁具有能够在万千数据中挖出有价值的信息的能力，谁就能在竞争中取得成功。同时，谁能够对数据进行有价值的分析，谁就能成为创业王者。

# 第七节　国外创新创业教育的启示

创新创业教育理念和创新创业教育实践最早都产生于西方发达国家，直到目前为止，它依然在欧美等国家最为盛行。我国创新创业教育起步比较晚。现在，创新创业教育在各大高校中仍然是"边缘"或者"形式主义"的一门课程，不仅没有得到学生的重视，也没有引起高校和政府的重视，这最终导致大学生缺乏创新意识，在激烈的社会竞争中遇到更多的阻碍。大学生失业率上升，但是学生没有能力也不愿意选择自我创业，这对国家的经济稳定是一个不利因素。因此，党的十八大报告提出，要"引导劳动者转变就业观念，鼓励多渠道多形式就业，促进创业带动就业"。十八大以来，我国不断深化高等学校创新创业教育改革，修订人才培养标准、改革教学育人机制、加强师资队伍建设、强化创业实践训练、构建创业帮扶体系，把创新创业教育融入人才培养，为建设创新型国家提供源源不断的人才智力支撑。

## 一、营造优良的创新创业教育环境是先导

环境对于教育来说有着至关重要的作用。从某种意义上说，创新创业教育成功与否，取决于整个社会的创业意识、创业文化以及人们对创新创业教育的认可度的高低。在一个成功的创业文化环境中，大家应该受到共同创业价值观的影响，更多的人勇于参与创业实践并且认可创业活动，以实现个人和社会的价值。许多西方发达国家都深受创业文化环境的影响，所以国家创业率较高，也极大地带动了经济增长。"我国的温州模式也是一个成功的范例。受到永嘉文化思想的影响，温州人运用其独特的社会资源和各方面的优势，成功发展起了私人创业发展的模式。"[①]如何构建创新创业教育的文化环境呢？

第一，必须强调对整个社会的文化理念进行变革，变革文化中与社会生产力发展不相适应的部分，变革文化中腐朽落后的观念思想，建立鼓励创新的文化理念，并且

---

① 张静静：《当代美国大学创业教育课程改革及其启示》，硕士学位论文，曲阜师范大学，2013。

这种创新的价值观必须在全社会长期地培养和发展。同时，自我就业思维的建立不是一朝一夕的，需要政府的支持、学校的培育、全社会对创业失败的宽容以及创业信息的共享等。

第二，政府要建立良好的法律法规环境，同时给予创业者资金支持、资源共享等帮助。政府要注重政策的连续性、协调性和规范性，以推动我国创新创业教育的发展。

第三，高校作为创新创业教育的主要载体，应该与政府、企业、社会中的组织共同建立创业教育模式。高校可以举办各种创业活动大赛，激发学生的创造力、想象力、思维力等。同时，高校要安排学生参加各种实践活动，使学生从实践中学得经验和教训，营造创业教育的浓厚氛围。

## 二、建设科学的创新创业教育基本框架是前提

西方发达国家非常注重建立一个完整的创新创业的基本框架，来满足整个社会对创新创业教育的需求。

首先，加强对中小创新企业的研究。它们对于创新创业教育的发展起到至关重要的作用。这些新创企业在创业过程中遇到的问题也是创业教育中应该关注和重点讲解的问题，只有这样的教育才有针对性和实质的价值。

其次，建设优质的创新创业教育的师资队伍。高校中应设置创业类的教授头衔，以鼓励更多的创业专家从事相关的创业指导工作，保证创业教育的研究和教学质量。同时，这些创新创业专家应该有创业的实践经验，这样在教育过程中才有更多的实战案例和经验可以分享和传授。我们国家可以聘请一些创业成功的公司董事到学校任课或者在学校开讲座，与学生分享创新创业的心得和感悟。

再次，我们国家必须学习西方的成功经验，促进大学创业教育体系与国家政策和机制建设的衔接，确保高校创新创业教育体系的完善。

最后，加强创业教育与各学科的融合。创业教育不应该仅仅是商学院或者管理学院的课程，更应该包容进所有的专业课程。比如，机械学院也可以将创业教育融入专业课堂，鼓励学生开办与机械相关的创新企业，推动创业教育在各个领域开花结果。最为重要的是，"高校不仅要研究生存创业的教育，更重要的是研究机会创业的质量和持续发展问题，包括关注中小企业发展和公益创业等课题的研究，逐步构建符合中国特色的创业教育基础框架"①。

## 三、开设科学的创新创业教育课程是关键

高校的创新创业教育课程必须明确其开设的根本目的，不能仅以开办企业为创业教育的根本目标。高校创业教育的核心应该是"培养具有创业精神和创新能力的高素质

---

① 杨秋宁：《德国高校创业教育的特点及启示》，载《人民论坛》，2014(11)。

人才，培养大学生通过科学知识的积累和创新型思维来解释客观事物的本质内在联系，并且能够在此基础上产生新颖的、前所未有的思维成果"[1]。借鉴国外高校创新创业教育的经验，从学生入学开始，高校就应该将创业精神和创新素质的培养融入学生培养计划中，这样才能使学生真正地适应时代发展的需求。其主要的行动策略有以下几点。

第一，将创新创业教育与高校、地方的特色相结合。"虽然我国不乏知名高校为此做出不懈努力，形成了各具特色的创业教育模式，如北京航空航天大学的创业中心、上海复旦大学的创业中心等。但与国外的高校相比，我国高校缺乏与专业特色、地方特色的紧密融合。因此，高校必须使创新创业教育更有针对性，提高其质量，加强技术创新，注重理念创新和商业运作模式的融合。"[2]

第二，创新创业教育的课程应该注重企业家精神的塑造和创新创业能力的培养，而非简单地传授创新创业知识。创业的成功可以带动就业，带动国家经济发展。但是，创新创业教育并不仅仅以此为目的，而必须将培养学生的创造力、探索力、思维力作为学校开展创业教育的根本。中国的创业教育恰恰缺乏这样的理念，主要的原因在于中华民族的文化是一种保守、内敛的文化，其文化内核中缺少了一种创新变革的精神。所以，必须在全社会形成一种创新创业的文化氛围，建立注重培养创新精神的创业课程体系。

第三，创新创业课程的类型化、系统化。高校要根据学生对创新创业的需求，开展有针对性的课程，而不是在所有的学校开设相同的课程。否则，这在现实中，课程就会沦为形式主义，没有实际的价值。

第四，创新创业教育必须与互联网时代紧密结合。不论是创新创业教育的内容还是形式，都必须形成互联网思维，才能使创新创业教育更有实用价值。

第五，创新创业课程必须有评估和考核，使得创业教育真正地产生效用，也利于课程的改进和完善。

### 四、获得丰厚的创新创业教育资源是保障

资源在创新创业教育体系中占据着不可或缺的地位。这里的资源主要指三个方面：人力、物力和财力。人力主要是指建设雄厚的师资队伍，这是保证创新创业教育质量的关键；物力主要是指各类创新创业教育的资源，如课程资源、网络资源等；财力指的是投入创新创业教育的各种资金，它是创新创业教育开展的保障。西方发达国家在短短数十年内就建立了较为完善的创新创业教育体系，并且在全社会塑造了浓厚的创业文化氛围，这都得益于政府、高校、企业和各方社会力量对这些资源的投入。

从我们国家目前的现实状况来看，这三个方面的投入都较为有限，也阻碍了我国

---

① 杨秋宁：《德国高校创业教育的特点及启示》，载《人民论坛》，2014(11)。
② 同上。

创新创业教育的发展。因此，我国必须进一步投入资源来保障创新创业教育的发展。

首先，必须加强创业导师队伍的建设，提升创业导师师资水平。高校要采取"引进来""走出去"结合的策略，"一方面，选派优秀的高校教师到企事业单位、社区、非营利性组织挂职锻炼，培养其创业素质和创业教学能力；另一方面，引入具有丰富实战经验的卓越企业家、创业成功人士、政府官员等担任学生的创业导师"。① 同时，高校可以建立创业"双导师"制，这样既可以由学校的专职教授担任创业导师，也可以请校外的成功企业家担任兼职教师，作为学生实战创业的指导者。这在我国的不少学校已经开始开展，今后需要不断地完善来保证制度的延续性。

其次，更新和完善创业教育所需的各种基础设施。在互联网社会中，越来越多的创业教育资源可以在网上获得，因此，高校需要不断更新信息设备来确保学生可以获得优质的创新创业教育资源。

最后，需要公私相互融合、兼顾效率与公平的创新创业教育基金。我们要充分利用社会主义制度的优越性，充分利用政府的公共财政投入，同时鼓励社会各方力量投资创新教育，来带动整个社会的创新创业氛围。

---

① 杨秋宁：《德国高校创业教育的特点及启示》，载《人民论坛》，2014(11)。

# 第三章 "互联网+"背景下我国
## 创新创业教育的实践

"互联网+"为高校大学生创新创业提供了众多资源与自由平等的创业平台，有力地推动了当今高校大学生的创新与创业。同时，我国政府、社会高度支持高校大学生创新创业。2014年人力资源和社会保障部下发《关于实施大学生创业引领计划的通知》，在普及创业教育、提供工商登记和银行开户便利、提供多渠道资金支持、提供创业经营场所支持、加强创业公共服务等方面提出了促进大学生创业的具体措施。[1] 紧接着，2015年5月，国务院下发的《关于深化高等学校创新创业教育改革的实施意见》指出，到2020年，创新创业教育体系要全面建成，显著提升人才培养质量，明显增强大学生的创新精神和创新创业意识与能力，使大学生投身创业实践的数量显著增加。面对信息化和全球化的不断发展，高校也要改革开放，实施"请进来、送出去"战略，即聘请企业家进校园开讲座，选派教师进企业顶岗实习，使大学生创新创业教育更加开放，面向校外乃至全球市场；要把握好时代机遇，深化改革，认真思考"培养什么人和怎样培养人"的问题。[2] 特别令人鼓舞的是，2015年10月19日至20日，首届中国"互联网+"大学生创新创业大赛总决赛在吉林大学举行。李克强总理对大赛做出重要批示：大学生是实施创新驱动发展战略和推进"大众创业、万众创新"的生力军，大学生既要认真扎实地学习，掌握更多知识，也要投身创新创业，提高实践能力。创新创业教育作为一种新的教学理念和教学模式，与培养学术能力的学术教育和培养职业能力的职业教育具有同等重要的位置。如何在"互联网+"时代培养大学生的创新精神、创业意识和创新创业能力，值得我们进一步研究探讨。

---

[1] 徐明：《"互联网+"时代的大学生创业模式选择与路径优化》，载《中国青年社会科学》，2015(5)。

[2] 降雪辉：《"互联网+"时代大学生创新创业教育新模式》，载《重庆科技学院学报（社会科学版）》，2015(12)。

# 第一节　我国高校创新创业教育的优势

近年来，创新创业教育已经成为我国高校教育改革和发展的新趋势。我国的创新创业教育起步于20世纪90年代末，虽然远远落后于西方发达国家，但是它正逐步受到国家、高校和社会的重视。尤其是互联网的快速发展，我国进入了"大众创业、万众创新"的时代。互联网催生了大量的创新创业机会，提供了较多的优质化的创业平台，营造了良好的创新创业环境，引起了广大学生创业的兴趣。现有的创新创业教育加上互联网的因素，如虎添翼，更加快了创新创业教育的发展速度。中国开展创新创业教育具有明显的优势。

## 一、国家战略支持和重视

创新是人类特有的认识能力和实践能力，是人类主观能动性的高级表现，是推动民族进步和社会发展的不竭动力。一个民族要想屹立于世界之林，就离不开创新思维，离不开永不停息的创新活动。改革开放以来，我国的经济一直处于快速发展的状态，并取得了丰硕的成果，我国已经成为世界第二大经济体。随着知识经济时代的到来，信息技术的飞速发展、经济全球一体化的趋势在创造了大量机遇的同时，也带来了严峻的挑战。我国要想稳住和提高国际地位，就必须提高我国的科技创新能力，培养创新型人才。但是，我国国民的创新能力和创新意识偏低，创新型人才明显缺失，这制约着我国经济的发展。

互联网的出现改变了传统的信息获取方式、交流渠道、交易途径、娱乐方式和办公环境，可以说互联网已经完全渗入人类生活的方方面面。互联网打破时间、空间格局，推动传统产业的升级，带动社会经济发展的同时，也给我国信息技术的发展带来了巨大挑战，加剧了国际的竞争。互联网传入中国20多年来，我国的网民数量位居世界第一。毫无疑问，我国是当之无愧的网络大国。但是，网络大国只有"量"的优势，缺乏"质"的提升。为此，2015年10月召开的中国共产党第十八届中央委员会第五次全体会议指出：要实施网络强国战略。建设网络强国必须要有过硬的科学技术和具有自主创新能力的人才队伍。互联网信息技术的发展，不仅改变了我国的传统经济模式，也吸引了一大批有志青年投身到互联网创业中，同时也加速了高校创新创业教育的发展。高校创新创业的目的就是培育大学生的创业意识和创业能力，培育一大批的创新型人才。总的来说，网络强国的战略加速了高校创新创业教育的发展，创新创业教育反作用于网络强国的落实，两者相互促进、相互发展。

一个国家是否是创新型国家，主要看其创新投入的高低、科技进步贡献率的高低、自主创新能力的强弱以及创新产出的高低。① 创新创业教育主要是培养学生的创新创业意识和创新创业能力，并通过各种各样的实践教学加速对学生科技创新能力的培养。大学生的创业行为实际上就是知识和能力转化为产出的过程。创新创业教育的逐步发展必将会培养出越来越多的高素质的创新型人才，满足各个领域对人才的需求。总的来讲，创新创业教育是建设创新型国家的重要途径。

## 二、符合高等教育深化改革和发展的趋势

从高等教育创立之初开始，我国高等教育改革的步伐就从未停止，尤其是改革开放以来的40年，我国的高等教育改革取得了显著的成效。但是，这并不代表要停止改革的步伐，相反，我们要顺应经济发展和社会进步的新形势，改变人才培养模式、更新教育理念、完善教育体系，继续深化改革和发展高等教育。创新创业教育的发展，将进一步深化高等教育的改革和发展。

2016年4月，李克强总理在北京召开了高等教育改革创新座谈会，为我国的高校教育改革指明了新的方向。李克强同志在会议上说："高等教育要着力围绕服务国家创新发展，促进大众创业、万众创新，培育更多创新型人才。"他还说，学校的根本任务就是培养人才，要培养学生的创新意识和实践能力。② 国家越来越意识到创新对一个国家发展的重要性，并提高了学校对学生创新能力的培养的要求。创新创业教育通过创新教育转变了传统的人才培养目标，通过创业教育引领了新时期的创业浪潮。

创新创业教育不仅改变了大学生的就业观，也转变了传统的教育观念。过去，我国高校进行教育时过多地强调大学生的全体性和一致性，忽视了对大学生个性的培养。在这种传统的教育思想的指导下，高等教育的质量大大降低了。而创新创业教育在注重共性教育的前提下，承认学生发展的非同步性和多倾向性，更加强调学生的兴趣和特长的展示和发挥。学生不再是被动地接受知识，而是可以根据自己的特长和自身的需求主动地去寻求知识，它有利于学生整体素质的提高。传统教育的另一个缺陷就是，关起门来搞教育，严重脱离了社会经济发展的这个大背景，忽视了对学生的实践教育。而创新创业教育则紧跟社会经济发展和科学技术进步步伐，通过与科技、经济和社会的结合，培养学生的市场思维和商业意识，使得大学生在毕业后可以很快地融入社会。创新创业教育的教学方法融合了理论教育和实践教育，通过理论教育让学生掌握丰富的理论知识，通过实践教育提升学生的创新创业能力和实践能力，是一种全新的教育模式。

在"互联网+"的背景下，我国的创新创业教育提到了新的高度。实施创新创业教育

---

① 刘碧强：《英国高校创业型人才培养模式及其启示》，载《高校教育管理》，2014(1)。
② 徐丽华、吴文胜、傅亚强：《教师与学生创新行为的发展》，1页，北京，教育科学出版社，2011。

不仅深化了高等教育的改革，其本身就是高等教育改革的一项重要内容。开展创新创业教育是对我国现有教育体系的丰富和完善，它转变了传统的教育模式，改变了高等教育的目标，所以我国应该进一步发展创新创业教育。

### 三、切合我国经济转型的需要

随着经济的全球化，世界正朝着经济全球化的方向发展，国际竞争越来越激烈，一个国家掌握资源、人才和科技，将在很大程度上决定其国际地位。我国经济发展存在很多的不协调、不平衡，如收入分配不合理、产业结构不合理、科技创新能力不强等。可以说，现阶段我国内外形势给我国经济转型和升级提出了更大的挑战。我国的"十二五"规划纲要明确指出，"坚持把科技进步和创新作为加快转变经济发展方式的重要支撑"，党的十八大又提出"创新驱动发展"。可见，"创新"和"科技"对我国经济的增长起着举足轻重的作用。科学技术的进步对经济增长的贡献将越来越大。

新型产业的产生和传统产业的升级是建立在对新的科技成果的开发、应用基础上的，这种开发和应用的重要因素就是人才。[①] 学校有责任担负起培养学生的创新能力的历史重任。虽然我们一直呼吁高等教育的改革，但我国大多数的高校仍处在应试教育中，培养出来的人才大都缺乏创新能力和科研能力，这大大降低了我国人才的质量，也使大学生难以适应知识经济时代的发展。为此，我国高等教育培养人才的方式和目标要从根本上发生转变，以满足经济发展和转型对人才的需求。此时，以培养创新型人才为目标的创新创业教育登上了历史的舞台。创新教育注重培养学生的综合素质和创新能力，弥补传统教育的不足，为经济发展培养具有创新能力、科研能力的创新型人才；开展创业教育，引导学生进入市场经济领域进行自主创业，可以延伸产业链，促进产业结构完善和优化。[②] 近年来，新一代大学生将所学的信息技术和科学技术运用到创业实践中，加快了传统产业结构的转变。

## 第二节　我国高校创新创业教育的局限

"互联网+"时代背景下，科学技术和信息技术高速发展，尽管会给我国的大学生创新创业带来很多机遇、提供大量的平台，但是我国高校创新创业教育还存在许多问题，创新创业教育没有跟上互联网快速发展的步伐，创新创业教育依然处在边缘的位置。

---

① 《中华人民共和国国民经济和社会发展第十二个五年规划纲要》，http：//www.gov.cn/2011lh/content_1825838.htm，2018-03-20。

② 陈宓宓：《论产业结构升级背景下高校创业教育的实施》，载《继续教育研究》，2016(3)。

## 一、创新创业教育形式化

### （一）创新创业教育理念混乱

高校创新创业教育以培养具有创业基本素质和开创型个性的人才为目标，旨在培养在校学生的创业意识、创业精神、创新创业能力，转变大学生的就业观念。创新创业教育是一种新型的教育模式，具有其独特的教育理念。2015年5月，国务院发布的《关于深化高等学校创新创业教育改革的实施意见》明确指出，创新创业教育理念滞后是我国当前高校创新创业的突出问题。我国高等教育的改革首先应该对教育理念进行改革。树立正确的创新创业教育理念是高校开展创新创业教育的基础。创新创业教育理念对创新创业教育的实施具有指导作用。我国创新创业教育的发展之所以会遇到这样或那样的问题，其根源就是创新创业教育理念的缺失。

20世纪90年代，我国才刚刚开始引入创新创业教育，相比美国、英国、法国等国家，我国创新创业教育的发展还相当落后。当时我国面临严峻的就业问题，企图通过对大学生进行创新创业教育来增加就业率，缓解就业压力。所以，我国对大学生创新创业教育的初衷也只停留在提升他们的就业能力、培养他们的创业技能的层面上。这就导致创新创业教育理念以缓解就业压力为目标，带有一定的功利性，即希望通过对大学生技能的培训，引导他们去创办企业，将高校的创新创业教育单纯地理解为提升高校就业率的最佳途径，而不是以学生的发展为中心，培养学生适应社会的能力。另外，我国创新创业教育的对象主要是高职高专类院校和普通本科院校的一部分学生，而并非全体学生。这使得创新创业教育具有了一定的精英化色彩。而创新创业教育的内涵本质是培养受教育者的创业意识和创新精神。它是就业教育的拓展，其基本特征是创新、创造和实践。[①] 当今社会互联网的快速发展给我国的创新创业教育提供了新的时代背景，高校应当抓住这个契机，顺应时代发展的要求、把握经济发展的趋势、满足个性化的需求、加快创新创业教育的发展进程。其发展的关键就是要重新树立创新创业教育的理念。

### （二）创新创业教育定位模糊

为提高高校对大学生创新创业教育的重视，教育部印发《关于做好2016届全国普通高等学校毕业生就业创业工作的通知》，明确提出，从2016年起，所有高校都要设置创新创业教育课程，为全体学生开发、开设创新创业教育必修课和选修课，并纳入学分管理。大部分高校在创新创业教育方面开设的课程较少，创新创业教育在大学教育中的学科地位呈边缘化现象。绝大多数高校没有把创新创业教育作为高等教育主流教育体系中的一部分，而将其包含于技术经济学科或企业管理学科，使得诸多高校对

---

① 曾昭薰、陈岩：《创业教育概论》，13页，长沙，湖南人民出版社，2005。

创新创业教育的学科定位模糊。<sup>①</sup> 大部分高校仅仅设置一两门的创新创业课程，而且也被设置为公共选修课。所谓公共选修课，就是在高校里开设一门或多门有关创业的公共选修课供在校大学生选择。高校为节约资金，公共选修课往往不是创新创业专业的教师授课，只是其他专业的课程教师兼职授课，授课形式也停留在灌输上，脱离现实，脱离当前的"互联网+"时代。选修课本身的特点，使得创新创业课程受众太少，每学期只能有一小部分的学生选修创新创业课程。

另外，有的高校只在大学生毕业那学期开设一些《大学生职业生涯规划》《大学生就业指导》等就业指导课，并没有涉及创新创业教育的系统培养。创新创业教育仅以作业的形式让学生做创业企划书，弱化了创新创业教育的意义。有些高校会邀请一些企业家或创新创业专业人才到学校办讲座，这个虽然有一定意义，但缺乏系统性和目标性。

除了高校对创新创业教育不够重视外，大学生的创新创业意识也非常薄弱。所谓创新创业意识，就是大学生对从事创新创业活动的一种内心的冲动。大学生创新创业意识的缺失直接导致他们对创新创业教育失去兴趣。受传统思想的影响，我国大学生普遍倾向于寻求一份安稳的工作，内心没有要打破现状的冲动，缺乏创造性的行为。同时，高校对创新创业教育的宣传力度和重视程度都不够，大部分大学生只注重专业知识的学习，并不了解创新创业教育对国家、社会和自身的重要性。有大部分学生参加创新创业教育课程和活动，只是为了获得学分，从而顺利毕业。

### （三）理论教育和实践教育脱节

理论与实践相结合是教育对高校教学的要求，也是对大学生自身的要求。然而，我国的创新创业教育没有做到这一点。目前在综合型和研究型高校中，创新创业教育往往重理论、轻实践，对学生的创业实践能力训练不足；而在高职院校中，又陷于重实践、轻理论的误区中，常以创业成败论英雄。这两者都是不可取的。创新创业教育应兼顾理论教育与实践训练，重在培养学生的创新精神、创业意识和创新创业能力。以杭州师范大学这所以师范专业为主的综合型大学为例，我们认为，创新创业教育与专业教育有很大的不同。创新创业教育应加强实践教育，而非只重视理论教育。单纯的理论教育很难提升学生的创新创业意识、创新创业能力。实践教学是理论联系实践，检验理论知识是否准确的重要途径，是培养学生自主学习和获取知识的有效方法，是培养创新型人才的重要环节。创新创业是一项实践性很强的活动，很多知识和技能是在课堂教学中习得的，而实践教学可以鼓励学生勇于实践，激发大学生的创新意识和创业意识，培养大学生的创新能力和创业能力。

我国在创新创业教育中，理论教育与实践教育的脱节主要表现在以下三个方面：一是对教育实践的认识不足。传统的教学模式注重学生对理论知识的学习，忽视教学实践对人才培养的重大意义，把实践教育置于从属地位。学校对学生的学习效果进行

---

① 刘军：《高校"创新创业"教育的内涵、问题与改革路径探析》，载《高教学刊》，2016(10)。

考察时，也只对大学生的文化知识进行测评，忽视了对其实践能力的考验。受传统观念的影响，我们往往把学术水平作为衡量一所学校教学水平的标准。二是对国家政策执行不足。目前，我国对高校创新创业教育非常重视，国务院也颁布了指导意见，倡导高校建设大学科技园、大学生创业园、创业孵化基地、大学生校外实践教育基地等创新创业平台。但是由于资金、师资、技术等方面的问题，创建创新创业平台的高校只在少数，而且有很大部分创新创业平台对大学生是不开放的，失去了搭建这些实践平台的意义。三是课程设置不合理。虽然我国很多高校开设了创新创业课程，但也只以选修课的形式存在，采用的也是传统的填鸭式的授课方式。为大学生提供的实践活动只邀请专家进行讲座、让学生制作创业企划书，有的学校也会举办一些创新创业类的赛事，但是这些远远达不到实践教学的要求，很难培养学生的创新创业能力和创新创业素质。

## 二、创新创业教育资源缺乏

在国际形势的推动和国家政策的引导下，创新创业教育已经成了我国高校最迫切的工作之一。创新创业教育作为一项长期的行动计划，必须有可以依托的资源来确保它的发展。创新创业资源是进行创新创业教育的基础。在进行创新创业教育的过程中，对创新创业资源的整合和利用，可以很大程度地影响创新创业教育的成效。

从宏观来看，创新创业教育的资源主要有：①学校资源。学校作为发展创新创业教育的主要场所，无疑是重要的核心资源。学校资源主要有教师及行政人员、教室、图书馆和一些如计算机类的硬件设备等。②政府资源。政府的政策、资金投入是高校进行创新创业教育的大前提，高校的一切教育活动都必须符合政府的方针、政策。③社会资源。创新创业教育虽然是在学校进行的，但创新创业的行为则是在社会上发生的，创新创业教育不可能离开社会，所以在进行创新创业教育时不能忽视社会资源。社会可以提供实践平台、资金、媒体舆论等资源。④企业资源。如果说高校传授给大学生的是理论知识，那么企业给大学生提供的就是实践经验。成功企业的管理经验、运营模式正是创业者不可缺少的东西。

从微观来看，创新创业教育的资源主要包括：①教师。教师作为知识的传播者，是创新创业教育的核心资源。②教材。教材是知识的载体。③资金。资金作为创新创业教育的资源，也是其他创新创业教育资源的源头。④教室和实践场所。这是创新创业教育的发生场地。但当前，上述资源或多或少地存在着诸多不足。

首先，创新创业教育的专业教师缺失。教师指的是传授知识、经验的人，承担着教书育人、提高民族素质的使命。教师是高校的一个重要角色，每个教师都有自己的专业特长。开展和发展创新创业教育必须有一大批创新创业型的师资队伍做支撑。我国创新创业教育正处于起步阶段，迫切需要大批具有专业水平的创新创业师资队伍。我国高校在招聘教师的时候，往往考虑的是学历和科研能力，很少考虑创新创业教育对专业教师的需求。创新创业教育的主要目的是培养学生的创新意识、创新精神和创新能力，传授给学生一些实践经验。而我国高校创新创业教育的教师大部分是其他专业的教师兼职代课，只能给学生讲授书本上的理论知识，没有经验提供实践指导。现实是，创新创业教育对教师的要求不同于专业教育，它既要求教师要有专业知识，又要求教师有创业意识、创新精神，还要求教师对创新创业教育认识到位。这样的创新创业教育教师不是一两次的培训就能造就的。[①] 创新创业教育教师队伍的缺失一直阻碍着我国创新创业教育的发展。

其次，创新创业教育的专业教材缺失。教材是人类知识和经验的累积，由于我国的创新创业教育起步相比发达国家晚，只有短短十几年时间，从而导致我国的创新创业专业教材缺失。我国创新创业教育的环境不断变化，社会经济不断进步，但教材并没有与时俱进，相对来说就有滞后性。我国高校在开展创新创业教育的课程时，所选用的教材比较随意，内容简单，没有迎合学生的需求。教材内容简单、理论深度不够，起不到对有创新创业需求的学生的指导作用。另外，我国高校所选教材大多针对大学生的创业就业指导，很少关注对大学生创业意识、创新思维、创新创业能力的培养。另外，有的高校会采用从国外翻译过来的教材，但不适合我国现阶段创新创业教育发展的需要。

再次，创新创业教育的资金缺失。创新创业教育对资金的需求可谓是方方面面的。创新创业教育的发展需要专家学者对创新创业教育进行研究，这需要科研经费的支持；高校为提高创新创业教育水平而培养和引进专业师资队伍，这也需要资金；高校为给大学生提供较好的创新创业学习环境而建造创业实践基地，这同样也需要资金的支持。除此之外，在校和刚毕业的大学生在创业时往往会面临资金的压力，而政府提供的科研经费和创新创业基金是有限的，大学生创业的融资渠道和筹资形式也很少。所以，从整体来讲，我国的创新创业教育面临很大的资金问题。

最后，创新创业教育的实践场所缺失或使用不当。我国现有的高校创新创业教育模式都还普遍停留在传统课堂上，教师一味地向学生灌输理论知识。究其根源，除了高校和教师对实践教育意识的缺失之外，高校的实训场所还存在缺失和使用不当的现象。目前，我国有一部分高校建设了大学生创业园和创业孵化园等，由于这些场地需要大量的资金，而高校缺少的就是资金，以至于这些场所并没有对所有大学生开放。另外，我国大部分的高校没有建设专门的实践基地，只针对计算机、音乐、美术等一些专业投资建设了一些实验室和练习室。创新创业教育是离不开实践、实训的，大学生没有得到实践，会影响我国创新创业教育的效果。

---

① 曹胜利、雷家骕：《中国高校需要怎样的创新创业教育》，载《中国教育报》，2010-01-13。

### 三、创新创业教育体系不完善

我国的创新创业教育起步较晚，尚未形成科学的创新创业教育体系。我国创新创业教育体系存在的问题主要表现在以下几个方面。

#### （一）创新创业教育目标定位模糊

目标是前进的方向和动力。创新创业教育目标模糊和偏失直接制约我国创新创业教育的发展，影响我国创新创业教育的质量。创新创业教育应是我国高等教育的重要内容，是培养大学生创新创业意识和能力的主要途径，是面向所有大学生的大众化的培养创新型人才的教育，应是一门独立的学科或专业。而目前，我国大多数高校的创新创业教育的目标定位模糊，在我国高等教育的整个教育体系中，创新创业教育一直处于边缘化的地位，没有得到学校、教师和学生的重视。从师资力量到课程安排再到教学评价，都可以看出创新创业教育的地位。

我国高校的创新创业教育普遍存在功利化的倾向。一方面，大部分高校进行创新创业教育是为了提高本校毕业生的就业率，所以把创新创业教育视为培养大学生创业技能的手段而不是一门学科。有的高校甚至把创新创业教育作为对大学生就业进行指导的一项为毕业生服务的工作，而没有把创新创业教育当作一个专业进行系统的教学。另一方面，由于我国高校创新创业教育体系不健全，缺少专业化的教师的引导，有的学生会误以为创新创业教育就是让他们去创业，让他们效仿成功人士做创业者、企业家。这就偏离了我国发展创新创业教育的初衷，不利于培养我国急需的创新型人才。

由于创新创业教育目标的偏失，我国大部分的高校只是停留在传授创业理论知识，缺少创新创业的实践教育，无法培养学生的创新创业意识，也无法提高学生的创新创业能力和素质。这种"纸上谈兵"、空洞乏味的教育模式，使学生不感兴趣，所以达不到创新创业教育的预期效果。

#### （二）创新创业教育尚未形成一门学科

"学科"通常指一定科学领域或一门科学的分支，是对大量丰富的知识依据某些共性特征划分形成的相对独立的知识体系。形成一门学科，首先要有专门的知识体系，其次要有从事科研的专门的人员，最后要有设施、场所、资金等保障。我国高等学校本科教育体系设置了学科门类，每个门类下设有若干一级学科，一级学科下又设若干二级学科。根据2011年国务院学位委员会和教育部颁布的《学位授予和人才培养学科目录（2011年）》，我国本科教育体系设有13个学科门类和110个一级学科，各高校根据自己的师资力量和发展特色设置适合本校的学科。高校教育体系中学科的设置和改变的过程中从没有设置有关创新创业的学科，甚至有的高校创新创业课程的开设都很随意。在国外，"创新学""创业学"作为一门隶属于"管理学"，或是单独的学科，或是专业，已发展至成熟阶段。① 我国创新创业教育的发展远远落后于发达国家。

目前，创新创业教育仍处于高等教育学科的边缘，尚未形成一门学科或者专业，导致高校对创新创业教育缺乏科学性和系统性的研究。在我国，高校对创新创业教育没有形成统一的认识，各高校从自身出发，根据对创新创业教育的理解来开展创新创业教育，没有形成较为规范、科学的教育模式。在学术研究领域，教育研究机构、高校及其学术研究者没有足够重视对创新创业教育理论的研究，导致创新创业教育理论匮乏，没有形成一整套的理论体系。而创新创业教育体系的建设迫切需要丰富的理论知识做基石。在教学过程中，高校教育的目标并不包括创新创业教育目标，课程的设置大多以选修课或开展讲座的形式进行，教材的选取照搬国外，本土化不足；教育手段单一，传统讲授课的形式吸引不了学生的兴趣；理论与实践脱离，大多高校将开展创新创业大赛、让学生制作创业计划书作为创新创业教育的实践环节。

互联网时代的发展，加大了对创新型人才的需求。只有具备创新精神和创新能力的人才能迎合时代的需求。社会的快速发展对创新创业专业人才形成了强烈的社会诉求。经过多年的发展，创新创业教育已经逐渐受到重视，对创新创业教育的研究已经具备了一定的理论功底。但是，学术界对于创新创业教育应归于哪个学科一直存有争议，对我国是否具备设置创新创业教育学科的条件也是众说纷纭。总的来说，我国设立创新创业学科的条件还有所欠缺，仍需要各方面的不懈努力和国家政策的大力支持和推动。

## （三）创新创业教育与专业教育脱节

专业教育又称"专门教育"，它不同于通识教育，它主要的目标是培养专门人才。高校专业教育是建立在学科分类的基础之上的，通过设置明确的专业教学目标、设计科学的课程体系、采用针对性的教学方式培养专业人才。创新创业教育有其特定的目标，就是要培养学生的创新创业精神和创新创业能力，为社会培养创新型人才。而专业教育注重专业细分，通过向学生传授专业相关知识和技能培养专门人才。由此可见，专业教育是创新创业教育的必然选择。创新创业教育必须通过专业教育才能向学生传授专业相关知识，培养学生的创新创业能力，实现创新创业教育的目标。

近年来，虽然创新创业教育得到了一定的重视，也正逐步走进我国的高校，但是创新创业教育并未与专业教育融合在一起。一般情况下，我国高校在不改变原有课程体系的基础上，以选修课的形式加入一些创新创业相关的课程，② 这些课程只是在表

---

① 谢志远、吕一军、邹良影：《大学生创业教育转型发展研究》，120页，杭州，浙江大学出版社，2012。

② 曹扬：《转型经济发展方式背景下高校创新创业教育问题研究》，硕士学位论文，东北师范大学，2014。

面上附着在高校普通教学体系中，这与专业教育严重脱离。由于我国还处于创新创业教育发展的初级阶段，并没有形成完善的课程体系，也缺乏本土化的教材，创新创业教育很难融合到专业教育中来开展教育活动。此外，我国高校的创新创业教育，要么停留在灌输理论知识层面，要么止步于技术操作层面，难以培养时代所需的创新型人才。考虑到我国的现状，我国已经进入创新创业教育与专业教育融合的攻坚区，必须加快教育改革的步伐、转变教育理念、更新教育目标、完善课程体系、改良教学内容。

### （四）创新创业教育课程体系不完善

从狭义上来讲，课程体系是某一专业开设课程的门类和顺序，它决定了学生的知识结构；从广义上来说，课程体系是学校人才培养目标的依托，一套完整的课程体系包括课程的目标、课程的内容、课程的结构、课程的实施以及课程的评价。我国创新创业教育课程体系的建设还处在理论研究层面，高校的创新创业教育普遍存在不完整的情况。从纵向来看，我国的创新创业教育只出现在高校，没有贯穿学生教育的全过程，使得我国人才培养链不完整。作为创新创业起步较早的美国，其已经具备一套完整的课程体系，学生从基础教育、初级教育直至高等教育阶段都得到了创新创业的教育。[1] 从横向来看，我国创新创业教育课程体系存在很大的问题：我国大多数高校开展创新创业教育的目的是解决就业问题，并不是为了让学生在创新创业知识、创新创业能力和素质上达到一定的水平；课程内容没有完整的知识体系，与专业教育脱离，课程内容只涉及创新创业理论知识，不包含对学生创业意识、创新精神、创新能力、创业能力的培养；课程结构也同样不合理，不仅课程开设比例低，而且所开设的创新创业教育课程没有必修课，实践课程偏少，基础课程不足；课程实施上，大部分高校没有专业化的师资队伍，而由处在创新创业教育学科边缘的教师教学，教材的编撰和选取没有根据时代的发展要求与时俱进，也缺乏本土化色彩；高校大都采用期中考核、期末考试的方式来对教师教学效果和学生学习效果进行评价，评价方法单一，达不到课程评价的目的。

# 第三节　我国高校创新创业教育的突破

针对我国高校创新创业教育实践中出现的问题，我们必须在理论和顶层设计上完善相关问题。

---

[1]　丁波、叶树江、蒲明：《应用型本科院校创新创业教育的问题与对策研究》，载《黑龙江教育学院学报》，2012(5)。

## 一、明确创新创业教育的目标

创新创业教育应该有其自身独立的目标。创新创业教育目标的树立是高校开展创新创业教育的前提，是开展创新创业教育要达到的目的，同时也是高校开展创新创业教育的指导方针，是创新创业教育的课程设置、课程内容、教学方法、授课形式和评价体系的重要依据。创新创业教育的目标应该根据其产生的原意和具备的内涵特征，围绕国家、社会、经济和个人发展的需要来制定。因为我国高校的创新创业教育发展不成熟，所以在设置目标时，应包括战略目标和具体目标。战略目标是我国创新创业教育自身发展所要达到的目标，而具体目标是高校在具体实施创新创业教育活动时要达到的效果。战略目标对具体目标具有指导意义，具体目标的制定必须要完全符合宏观目标的内容。

首先，在战略目标上必须坚决贯彻中央部署。2015年5月，国务院办公厅颁发的《关于深化高等学校创新创业教育改革的实施意见》从教育理念、教育制度和教育体系等方面明确规定了未来5年我国高校创新创业教育发展的宏观目标，"2017年取得重要进展，形成科学先进、广泛认同、具有中国特色的创新创业教育理念，形成一批可复制可推广的制度成果，普及创新创业教育，实现新一轮大学生创业引领计划预期目标。到2020年，建立健全课堂教学、自主学习、结合实践、指导帮扶、文化引领融为一体的高校创新创业教育体系，人才培养质量显著提升，学生的创新精神、创业意识和创新创业能力明显增强，投身创业实践的学生显著增加。"[①]该意见制定了我国高校发展创新创业教育的两步走战略目标，即2015年到2017年，初步形成正确的教育理念，让创新创业教育在高校中普及；2015年到2020年，形成完善的创新创业教育体系，创新创业教育的效果明显增强。

其次，在具体目标上必须注重实效。高校创新创业教育的具体目标涉及要培养什么样的人才。从国家战略、经济发展和个人的全面发展的需求来看，创新创业教育的任务是培养新型的创新型人才。那么，创新创业教育的具体目标就是要培养新型创新型人才，在设置目标时就要考虑到什么样的人才是创新型人才，创新型人才应该具备什么素质和能力，根据这些问题进一步把具体目标进行细分，使目标具有整体性的同时又具备可实践性。起初，我国开展创新创业教育具有明显的功利性，只是引导大学生创业去做企业家，但盲目创业必定导致成功率的降低，因此，高校创新创业教育的目标要具有科学性，把教育的重点放在大学生创新创业能力和创新创业素质的培养上，激发学生的创造性。此外，高校创新创业教育的目标设置还应该具有弹性。高校可以根据时代的发展和学生的个性特征实时进行调整，确保创新创业教育的发展可以与时俱进。

---

① 欧阳伦四、郭岚：《对我国高校创业教育课程体系现存问题的思考》，载《职教论坛》，2011(9)。

最后，创新创业教育目标的设置虽然有至关重要的作用，但是最重要的是目标的实施，要将其充分地贯彻到教学内容、教学方法、教学过程和教学评价的整个教学体系中去。创新创业教育的目标并不是一成不变的，实践是检验真理的唯一标准，在实施中不断检验目标设置的合理性，如存在不合理的情况应及时调整。"互联网+"时代的到来，高校在设置创新创业教育目标时应把互联网信息技术、互联网创业基础知识和互联网思维的运用纳入目标中。

## 二、明确创新创业教育的内容

创新型的人才必须具备创新创业意识、创新创业精神、创新创业能力、创新创业知识和创新创业品质等综合素质。这就决定了创新创业教育的内容，这也是高校创新创业教育目标的要求。创新创业教育内容设置得是否科学、合理，直接关系到高校创新创业教育实施效果的好坏，它是创新创业教育的重要组成部分。高校创新创业教育的内容主要体现在教材选取和课程安排上，并且要搭载课堂授课和实践活动相结合的教学方法。所以，创新创业教育的内容设置不是孤单的一个模块，而是高校创新创业教育体系的一个关键环节。

### （一）创新创业意识

意识具有浓厚的主观色彩，是对客观世界的主观反应。人的思维意识支配着人的行为，创新创业意识是人们对从事创新创业行为的一种心理倾向，创新创业意识支配着大学生的创新创业行为，是大学生从事创新创业活动的内在驱动力。创新创业意识的培养是创新创业教育的基础，创新创业意识主要包括创新创业的需要、动机、兴趣、理想、人生观和世界观等心理成分。[①] 传统的教育模式培养出来的大部分的大学生思维意识过于传统，毕业后按部就班地找工作，缺乏创新性行为。创新创业教育就是要激发大学生潜在的实现自我价值的需要，并结合自身的兴趣树立崇高的社会理想。创新创业意识的培养是一个漫长的渐进过程，不可一蹴而就。在创新创业教育过程中，高校可以通过讲述创新创业方面优秀人士的成功案例，吸引大学生对创新创业活动的注意；还可以通过实践教学让大学生品尝到成功的乐趣，培养他们创新创业的兴趣。高校对大学生的正确引导可以激发大学生创新创业的动机，进而就可能使其转变成创新创业行为。

### （二）创新创业精神

创新创业活动具有很强的实践性，其本身也具有极大的不确定性。大学生在创新创业过程中会面临很多的困难、挫折和竞争，此时，他们将面临巨大的心理压力，而能让他们坚守创新创业道路的就是创新创业精神。创新创业精神的内容丰富，包括创

---

① 国务院办公厅：《关于深化高等学校创新创业教育改革的实施意见》，http://www.gov.cn/zhengce/content/2015-05/13/content_9740.htm，2015-05-13。

新精神、冒险精神、合作精神、竞争精神、勇于进取的勇气、坚持不懈的顽强毅力、不怕失败的挫折意识和吃苦耐劳的精神等。创新创业精神的培养是高校创新创业教育的重点。高校在对大学生进行创新创业教育时，可以采取挫折教育的教育方式，培养他们面对挫折的勇气、毅力和能力，激发他们的潜能。在教育实践中，教师要尊重学生的个性特征，承认他们与众不同的性格特点，鼓励他们打破常规，培养学生的创新精神。对大学生创新创业精神的培养应该体现在教育活动的方方面面，使之在教育和实践中得到提升。

### （三）创新创业知识

掌握丰厚的创新创业知识是大学生自主创新创业的前提。高校对大学生传授创新创业知识是高校的根本任务。有学者认为，创新创业教育是一门交叉学科，那么其涉及的知识范围就非常广，不仅包含创新创业的基本理论知识，还包含管理学、经济学、社会学、市场营销和计算机信息技术等在内的多种学科和专业的理论知识。在创新创业活动中还会涉及国家政策和相关法律知识，这些都是创业者必须具备的知识。创业者要想在市场上有一席之地，就必须有自己的核心竞争力。它可以是一件产品，也可以是一种科学技术。创业者还要有把握市场规律、成功预测市场发展方向、科学决策以及整合资源的本领。这些都是通过对相关知识的学习才能转化过来的能力。创新创业教育就是要通过系统、合理的课程安排，让学生在学习的过程中形成网络知识结构。

### （四）创新创业能力

创业活动是在经济领域中的真枪实弹，处处充满了竞争。大学生要想在创新创业实践中取得成功，不仅需要强烈的愿望、良好的心理素质、丰富的知识基础，更重要的是要有很强的创新创业能力。创新和创业都是创造性的行为，是对人的创新创业能力的巨大挑战。创新创业能力是创新创业活动成功的关键因素，创新创业能力的高低直接决定了大学生创新创业活动进展是否顺利。创新创业能力主要包括：洞察商机的能力、管理能力、营销能力、沟通能力、公关能力、把控全局的能力和决策能力等综合能力。这些能力有的是与生俱来的，但更多的是通过后天训练而获得或提升的。创新创业教育担负的重要任务就是对大学生创新创业能力的提升。高校要把学生被动地接受知识转变为引导其主动地获取知识，通过自主学习，锻炼他们发现问题、分析问题和解决问题的能力，从而在这个过程中提升他们的综合能力。高校还应该更多地打造实践平台，增加学生的实训课程，注重对学生能力的训练，将专业知识转化为学生内在的能力。教师在课堂上多采用分组讨论、头脑风暴、情境模拟等教学方法，通过增强学生的参与程度，激发学生的潜能，提升学生的能力。

### （五）创新创业品质

品质是指人的行为举止所表现出的人的思想、品性等的本质。品质有好坏之分，品质教育是培养高质量人才的要求，有利于大学生的终身可持续发展。创新创业品质是创新创业教育对大学生的一种高层次的要求，主要表现为大学生在创新创业过程中的素质和道德水平。良好的创新创业品质是创业者在创新创业道路上走得长久的保障。创业者良好的创新创业品质表现在产品或服务的质量、积极乐观的态度、自我控制能力、对法律的遵守、强烈的社会责任感和无私奉献的精神等方面。创业者超越了对利益的追求，就会寻求一种自我实现的满足，在自己创业成功的时候不忘给他人提供帮助，为社会做贡献。在创新创业教育的全过程中，高校要注意营造良好的环境，教师以身作则，传播积极情绪，帮助大学生树立科学的人生观和价值观，培养他们的责任感和企业家精神。

上述五部分构成了创新创业教育内容的整体框架。高校在实施创新创业教育时，对大学生创新创业意识、精神、知识、能力和品质的培养是同时进行的，不能分割开来单独培养。高校在安排课程、选取教材和教学方法时应该让它们相互融合、相互渗透。

### 三、认清创新创业教育的现实困境

我国创新创业教育发展的时间很短。从发展历程来看，很多阶段性举措都与就业的现实问题密切相关。

众所周知，我国创新创业教育的探索阶段起源于 1997 年。1997 年，清华大学在 MBA（工商管理硕士）教育中设立了创新与创业方向，首次把创新创业教育引入我国高校的教育体系中，开创了我国高校创新创业教育的历史先河。自此，也带动了其他高校对创新创业教育的探索。1998 年 5 月，我国成功举办了首届"创业计划大赛"。创新创业教育以举办创业计划大赛的形式引入我国的高校。第二年，清华大学又承办了由共青团中央、中国科学技术协会、中华全国学生联合会主办的首届"'挑战杯'中国大学生创业计划竞赛"。从此，创业计划比赛开始面向全国大学生。创业计划大赛的成功举办，极大地调动了大学生创新创业的积极性，为创新创业教育在高校的进一步开展奠定了基础。为顺应时代发展的潮流，全面推进我国教育的改革和发展，教育部在 1998 年 12 月制订了《面向 21 世纪教育振兴行动计划》，该文件指出，我国教育的目标是要"培养、造就一批高水平的具有创新能力的人才"，高校要"加强对教师和学生的创业教育，采取措施鼓励他们自主创办高新技术企业"。[①] 这份行动计划充分体现了国家对创新创业教育的重视程度。高校也相继对该行动计划做出回应，依据各自的办学特色开展创新创业教育。如 2001 年，武汉大学提出了"创造、创新、创业"的"三创"教育理念，指导并开展本校的创新创业教育工作。

直到 2002 年 4 月，教育部确定清华大学、北京航空航天大学、中国人民大学、上海交通大学、西安交通大学、武汉大学、黑龙江大学、南京财经大学和西北工业大学

---

① 彭钢：《创业教育学》，87 页，南京，江苏教育出版社，1995。

九所高校为创业教育试点院校。① 这标志着我国在高校开展创新创业教育正式起步。②
国家通过对这些试点院校提供资金和政策支持，鼓励各院校自主发展创新创业教育，
此举措使我国的创新创业教育从单一的创业计划大赛的形式逐步走向各有特色的多元
化道路。然而当时，创新创业教育刚进入我国的校园，高校教师对它普遍缺乏专业的
了解，严重制约了创新创业教育的开展。为此，教育部高校司在 2003 年邀请外国专家
开办了第一期的"创业教育骨干教师培训班"，对来自 100 所高校的 200 多名教师进行
了培训。③ 这次培训大大地提高了我国教师的专业水平。2005 年，我国开展了大学生
KAB 创业教育项目。该项目的成果之一——《大学生 KAB 创业基础》课程目前已被作
为创业教育基础课程在很多高校开设。它填充了我国创新创业教育的课程体系。

为进一步推动高校创新创业教育，2010 年 5 月，教育部颁布的《教育部关于大力推
进高等学校创新创业教育和大学生自主创业工作的意见》指出："创新创业教育是适应
经济社会和国家发展战略需要而产生的一种教学理念与模式。"④该意见明确指出，创新
创业教育对创新型国家建设、教育改革和人才培养具有重大意义。同时，该意见也对
推行高校创新创业教育提出了指导性的建议，倡导全国高校全面推行创新创业教育。
这对我国创新创业教育的发展具有极深远的意义。在国家政策的引导下，各高校也纷
纷开展了创新创业教育，并取得了一定的成果，如杭州师范大学成立了创业孵化中心，
建立并投用了大学生创业园、科技园等创业实践基地，开设了《创业的教育》《大学生
KAB 创业基础》《大学生职业规划与创业指导》等课程。

这些举措与大学毕业生就业问题密切相关。我国大学毕业生人数逐年增加。1999
年，全国普通高校毕业生只有 85 万人；到 2009 年，大学毕业生就已经超过了 530 万
人。十年时间，高校毕业生人数增加了 6 倍之多。2014 年，全国普通高校毕业生人数
为 727 万人；2015 年，普通高校毕业生人数上升到 749 万人；到 2016 年，全国高校毕
业生人数已达 756 万人。高校毕业生人数逐年增加，加上往年未就业和失业的学生，
这就给我国大学生的就业问题带来了严峻的挑战。造成我国就业问题的不仅仅是高校
毕业生的增加，还有很多其他方面的因素：首先，受传统就业观念的影响，"铁饭碗"
的思维模式在很大程度上影响了大学生的就业选择。大学生倾向于公务员、事业单位
和教师等职业。其次，我国劳动力市场供求不均衡。劳动力资源逐年增加远大于工作
岗位的供给，我国城镇化进程的加快进一步加大了劳动力市场的供求矛盾。再次，经
济产业结构的变化和调整。工作岗位的更新造成的结构性失业长期存在。最后，互联

① 教育部：《面向 21 世纪教育振兴行动计划》，http://www.moe.edu.cn/publicfiles/business/htmlfiles/moe/s6986/200407/2487.html，1998-12-24。

② 教育部高等教育司：《关于印发"创业教育"试点工作座谈会纪要的通知》，2002-04-30。

③ 钱贵晴、刘文利：《创新教育概论》，278 页，北京，北京师范大学出版社，2009。

④ 李时椿、常建坤、杨怡：《大学生创业与高等院校创业教育》，23 页，北京，国防工业出版社，2004。

网信息技术和科学技术的发展。高科技产品在企业中的运用，逐步替代了劳动力，现有的劳动力的知识和能力跟不上社会的发展，造成下岗失业人数的增加。目前，我国正处在转型的特殊时期，就业环境的变化给我国带来了很大的就业压力。人们只有通过改变自身的知识和素质来提高自身的就业能力。而我国的大学生面临就业普遍存在能力不足的问题，大学生自身具备的知识、能力、素质的水平不能满足社会提供的工作岗位对其的要求。

从上可以看出，在政府的引导下，我国高校创新创业教育虽然取得了一定的成绩，但是还存在很多问题，如高校和教师重视程度仍然不够、教育理念滞后、教育体系不健全和教学方法不当等。因此，高校开展创新创业教育，要提高大学生的创新创业意识和创新创业能力，这对缓解社会就业压力有很多现实意义。有的大学生在择业时有从众心理，认为工作有好坏之分，才导致现在的"考公务员热"。开展创新创业教育不仅可以转变大学生的就业观念，还可以让大学生用积极向上的心态去择业，可以帮助学生根据自身情况，制定职业发展规划，选择合适的行业和工作岗位，避免盲目就业。实践教学是创新创业教育的一种重要的教学方式，可以让大学生摆脱书本固化的知识，真正了解社会对人才的要求，从而转变自身的学习方式，提升就业能力。开展创新创业教育，引导大学生自主创业是一种新的就业途径。开办公司不仅解决了自身的就业问题，也创造了大量的工作岗位，在一定程度上能缓解社会的就业压力。我们都知道，创业是一项有风险的活动，创新创业教育可以培养学生预测市场、把握商机、科学决策和经营管理的创业能力，使大学生有效地规避风险，让大学生成功地走上创业的道路。

总之，创新是科技进步的源泉，是经济发展的驱动力，教育则是科技进步和人才培养的基础。为解决我国发展面临的困境，应对国际形势的变迁，我国需要大批具有创新创业精神和创新创业能力的创新型人才。而我国当前的教育模式满足不了这种要求，培养出来的人才缺乏创新意识和能力。我国越来越意识到创新和教育对我国发展的重要作用，开始深化改革我国教育事业，通过对教育目标、教学方法和课程体系的完善，把培养学生的创新创业意识和创新创业能力等创造性的素质列入教育实践中。此时，国外的创新创业教育正如火如荼地进行着，并且有些国家已经取得了丰硕的成果。面对这种时代背景，创新创业教育逐步走进了我国的校园，为我国社会主义现代化建设、实现全面建成小康社会的战略目标以及推动我国经济的快速发展服务。

## 第四节　杭州师范大学创新创业教育的实践探索

近年来，杭州师范大学深入贯彻落实国家"大众创业、万众创新"的战略和高校创新创业教育改革的部署，积极顺应互联网时代创新创业的新趋势，深入推进创新创业教育，加快培养创新创业人才，努力凝练创新创业"杭师系"品牌，取得了明显成效。学校成为首批"全国创新创业典型经验高校""全国首批深化创新创业教育改革示范高校""国家级大学生创新创业训练计划实施高校""全国高等学校创业教育研究与实践先进单位"。

## 一、创新创业教育的发展历程

我国高校创新创业教育起步较晚，但各地高校结合学校实际积极主动地实施创新创业教育，走出了各具特色的发展道路。和全国许多高校一样，杭州师范大学创新创业教育也是从组织开展大学生创新创业竞赛起步的。随着学校转型发展的深入推进，创新创业教育成为学校发展的战略选择。学校把创新创业教育融入人才培养体系，贯穿人才培养的全过程。

### （一）萌芽期

1998年，清华大学举办我国高校首届创业计划竞赛，如同播下了一颗创业教育的火种。随着1999年，共青团中央、中国科学技术协会、中华全国学生联合会主办，清华大学承办的首届"挑战杯"中国大学生创业计划竞赛成功举行，这颗火种便有了燎原之势。全国各地的高校纷纷参照国家级竞赛和省级竞赛组织开展校级大学生创业计划竞赛。2005年，杭州师范大学设立每年10万元的学生创新创业校级资助项目，支持学生参加各类创新创业竞赛。由于师范院校以基础学科为主，缺少经济类和管理类学科专业的支撑，所以学校面向参赛团队开设了财务管理、营销策划、企业管理和团队建设等方面的讲座。与此同时，许多成功的企业家走进校园，和其他高校金融学、经济学和管理学的任课教师一起成为大学生的创业导师。组织创新创业竞赛是这个时期创业教育的主要载体和形式。此时的创业教育没有成体系，创业教育的目的是为了提高学生的综合素质和实践能力。

### （二）成长期

高等教育的大众化发展，帮助千千万万的家庭实现了上大学的梦想，同时也使得大学毕业生就业逐渐成为全社会高度关注的热点问题。随着高校毕业生人数的持续增加，大学生的就业压力也持续增大。特别是2008年全球金融危机后，企业招不到合适的大学毕业生和大学生找不到如意的工作岗位这对矛盾，成为困扰政府的一个大问题。杭州师范大学乘着高等教育大众化发展的东风也新建了许多非师范专业，并与阿里巴巴集团、IBM等企业共建阿里巴巴商学院和杭州国际服务工程学院，加大应用型人才的培养力度。为了增强毕业生的就业竞争能力，促进学生自主创业，并以创业带动就业，就业部门也积极主动地加入创业教育的队伍中。2009年，学校收回10间沿街商铺建立大学生创业园，为学生创业团队提供免费场地，并为每个创业团队配备创业导师。学校结合专业相续开出了许多创业类课程，还通过组织参加KAB和SYB培训，培养学生的创业意识和创业能力。这个阶段，大学生自主创业被视为解决毕业生就业问题的有效手段，学校的教学、学工、团委和就业部门协同作战，共同推进。

### （三）转型期

2010 年 5 月，教育部成立高等学校创业教育指导委员会，提出将创新创业教育面向全体大学生，纳入教学主渠道，并结合专业教育，将创新创业教育贯穿于人才培养的全过程。这标志着我国创新创业教育进入一个新时期。杭州师范大学实施"创新创业能力提升计划"和"应用型人才培养提升计划"，面向全体学生开设创新创业类必修课程，并结合专业实施创新创业教育，成立创业学院，设立创新创业试点学院，形成创新创业教育"一体两翼"、协同推进的工作格局，确立课程教育、实践训练、培育孵化、分层推进的工作思路。创新创业教育不再是帮助少数大学生创办企业的教育，而是与专业教育深度融合，以增强学生的创新精神、创业意识和创新创业能力为目标的教育。

## 二、创新创业教育的工作举措

杭州师范大学地处杭州城西科创大走廊腹地，紧邻浙江海外归国高层次人才创业园、阿里巴巴集团等高新人才集聚区。深受创新创业氛围的熏陶，师大人对"大众创业、万众创新"有着更为深刻的理解，创新创业教育成为学校"转型发展创一流"的战略选择。

### （一）推进转型发展，确立创新创业战略

在新的发展阶段，学校积极推进由师范类院校向综合性大学、教学型大学向教学研究型大学、普通高校向一流大学的转型，进一步提升学校的综合办学水平和核心竞争力，将创新创业教育纳入学校的发展战略，将实施创新创业教育工程作为党代会报告、"十三五"规划提出的内涵建设"七大工程"之一，以创新创业助推转型发展创一流，以创新引领创业，以创业促进就业，积极探索地方高校创新创业的教育模式。杭州师范大学成立学校创新创业工作领导小组，由校党委书记、校长任组长，分管学生工作副书记、分管教学工作副校长任副组长，出台《关于加强大学生创新创业工作的实施意见》，明确五年目标和分年度任务，提出 17 条具体措施，切实将国家和省市的重要部署落到实处。

### （二）改革培养模式，推进创新创业教育

1. 调整人才培养方案

学校除了抓好师范传统特色教育外，根据地方主导产业和战略新兴产业的需求调整专业设置，把创新创业教育纳入人才培养方案，将创新精神、创新创业能力作为实施"应用型人才培养提升计划"，重点建设 2 到 3 个创新创业试点学院、15 到 20 个新兴应用型专业。2015 年，2 个试点学院和 5 个应用型专业群被列为首批浙江省应用型建设示范点。学校主动对接地方经济社会发展，完善专业评估、预警和调整管理办法，建立以需求为导向的专业结构和以创业就业为导向的人才培养类型结构，深化校政企协同育人改革，推进与杭州市委宣传部合作举办文化创意学院，培养文化创意人才；

与阿里巴巴集团合作举办阿里巴巴商学院，培养跨境电子商务、国际商务人才；与微软、IBM 合作举办国际服务工程学院，培养服务外包人才。学校"四位一体、六维协同"的人才培养模式获 2014 年国家教学成果二等奖。

2. 实施教育教学改革

学校实施弹性学制，建立创新创业学分累计制度，开展"3+1"创新创业教育改革，试行创新创业实践代替毕业实习，将创新创业项目代替毕业设计；完善创新创业教育课程体系，在通识课程中专设创新创业教育课程（群），面向全体学生开设公共必修课《大学生创新创业基础》，同时为具有较强创新创业能力的学生定制《企业模拟经营》《创业实务与管理》等实践课程，实行精英化训练，结业证书可认定学分。学校相继编写出版 7 部创新创业类专业课程教材，这些教材已被全国 30 多所高校使用。其中，《电子商务服务》《网络金融服务》被评为"十二五"国家级规划教材；《网络零售》被评为国家级精品课程；学校还加强了创新创业师资队伍建设，推进百名师资"进企入园"见习，同时积极引进具有企业经营管理经验的人才到校任教或指导创业。

**（三）加强资源整合，发挥创新创业优势**

1. 加强校外资源整合

学校发挥地处杭州城西科创大走廊腹地的区位优势，积极与毗邻的阿里巴巴集团、未来科技城（海外归国人员创业园）、梦想小镇等合作，建设浙江省高校产学研联盟创新创业人才培养基地和梦想驿站等，深化产学研用结合。现在已有 7 个学生创业项目入驻梦想小镇众创空间。学校还发挥以马云为代表的企业家校友的优势，弘扬学校创新创业文化传统，建设百名创业导师队伍；发挥学校的市属体制优势，积极争取杭州市关于大学生创新创业的一系列政策和经费支持。

2. 加强校内资源整合

在杭州师范大学，马云教育基金设立每年 100 万元的大学生创新创业专项经费；在"攀登工程"中，专设创新教育项目经费 267 万元，为毕业两年内留杭自主创业的学生提供住宿等支持。学校还改革教师评价考核方式，对创新创业指导教师进行工作量计算，并作为教师评聘高级别岗位的优先条件。同时，学校适当增加学生创新创业工作在部门和学院绩效考核中的比重；改革学生评价考核方式，在奖学金评定及各类学生荣誉评选中，进一步突出创新创业能力及成果的作用，优先支持创新创业学生转专业或推荐就业。

**（四）强化平台建设，助推创新创业实践**

1. 创新创业教育平台建设

学校于 2014 年 6 月成立创业学院，由阿里巴巴集团党委书记任名誉院长、校党委副书记任院长、知名创业校友等任副院长。创业学院以"互联网+"为特色，成立创新创业实践教学、竞赛指导、教育研究、项目孵化和成果转化 5 个中心，以系统推进创新创业教学和实践。截至 2016 年 10 月，浙江省有 97 所高校成立了创业学院。创业学院成为高校对学生开展创新创业教育的重要载体和实践平台。

2. 创新创业孵化平台建设

学校于 2009 年建立大学生创业园。经多年发展,大学生创业园初步形成"一园二区五中心"的格局,建筑面积达 7 500 余平方米。2015 年,创业园获批成为杭州市大学生创业园,并获市财政 100 万元的资助。创业园已累计孵化大学生创业企业 187 家,在孵 63 家。2015 年,创业园销售额达 7 000 余万元,2016 年销售额预计超过 1 亿元。

3. 创新创业实践平台建设

学校大力加强校内外实训实践基地建设,共建立 15 个校内实训示范基地和 20 个校外实践示范基地,现有国家级实验教学示范中心 2 个、国家级大学生校外实践教育基地 1 个;开放校内实验室,实施本科生科研导师制;将杭州师范大学科技园、杭州未来科技城"梦想小镇"等作为学校创新创业实践教育平台;大力扶持创新创业型学生社团建设,每年组织科技文化节。

4. 创新创业竞赛平台建设

学校把创新创业训练和竞赛作为创新创业教育的重要载体,坚持以项目带动学生创新创业实践,指导学生积极申报"国家级大学生创新创业训练计划项目""浙江省新苗人才计划项目"。自 2010 年以来,学校培育了"挑战杯"创业竞赛全国金奖 5 项、银奖 3 项,全国"互联网+"大学生创新创业大赛银奖 4 项、铜奖 2 项。学校是浙江省"互联网+"大学生创新创业大赛的秘书长单位,从 2015 年开始已连续承办两届赛事。

## (五)优化育人环境,营造创新创业文化氛围

1. 充分发挥典型示范效应

学校良好的创新创业文化环境对人才培养具有很好的教化作用、导向作用和激励作用。学校秉承开放、包容、大气的文化传统,加强创新创业精神宣传,弘扬创新创业正能量,营造良好的创新创业氛围,激励更多的学生大胆创业、勇于创新。学校重视发挥知名校友马云的示范效应,发掘树立大学生创新创业先进典型,让创新创业者成为当代大学生的楷模和骄傲。自 2009 年以来,学校有 4 名学生当选"浙江省十佳大学生",2 名学生当选"浙江省最美青春校园人物"。

2. 充分发挥知名校友优势

除了互联网领军人物马云,杭州师范大学还有许多知名校友从事互联网创业。他们中有出版小说《网络英雄传Ⅰ:艾尔斯巨岩之约》的郭羽,有出版著作《互联网思维到底是什么:移动浪潮下的新商业逻辑》的项建标,有出版著作《互联网时代的金融创新》的王文革。学校充分发挥校友企业家的优势,建立了 100 多位知名校友企业家组成的创新创业教育智库。学校实施"师友计划",为每位创业学院的学员配备创业导师,帮助创业学子全面提升创新创业意识,开拓创新创业视野,提高创新创业能力。

3. 充分发挥制度激励作用

学校建立健全系统完备、科学规范、运行有效的制度体系,在政策导向上激励

创新，将资源资金及保障条件向创新倾斜；修订《学生奖学金评定办法》和《学生学科竞赛管理办法》，加大对学生的扶持和奖励力度，在奖学金评定及各类学生荣誉评选中，充分体现对创新创业能力及成果的重视；适当增加大学生创新创业工作在部门和学院绩效考核目标任务中的比重；把指导学生创新创业作为教师晋升职务和评聘岗位的条件。

## 三、创新创业教育的经验借鉴

杭州师范大学将创新创业教育与专业教育、文化素质教育相融合，坚持把创新创业教育融入人才培养体系，贯穿人才培养的全过程，着力增强学生的创业意识、创新精神和创新创业能力。学校积极探索以创新为引领的创业教育模式，凝练以互联网为特色的创新创业"杭师系"品牌，努力为地方高校、师范院校提供可借鉴的经验。

### （一）紧密结合学校人才培养定位

服务区域经济社会发展是地方高校的重要使命。地方高校要主动适应区域经济社会发展的需求，创办体现区域特色的学科和专业，为区域培养和输送不同层次的应用型人才，为区域发展提供人才支持和智力支持。因此，地方高校创新创业教育必须紧密结合高校人才培养定位。只有"立足校情、服务地方"，高校才能获得地方更多的政策和资源支持，创新创业教育才能成为高校创新创业人才培养、促进区域经济社会发展的推动力。

### （二）积极创建多方协同育人机制

地方高校要高度重视创新创业资源与要素的集聚，推进政府、企业等社会力量与学校创新创业教育的协同育人机制，从创新创业的教育引导、课程建设、项目孵化和成果转化等多方面开展深入的产学研合作，并不断完善创新创业指导服务、资金支持和政策保障体系。学校要充分整合校内优质资源，明确学校各职能部门和专业学院在创新创业教育中的职能边界，形成既各司其职又团结协作的齐抓共管格局，形成共同关心、支持创新创业教育和学生创新创业的良好生态环境。

### （三）要善于利用"互联网+"思维

互联网的创新发展，不仅仅是一次技术的革命，更是一场思维革命。"互联网+"改变了我们的生活方式，也颠覆了我们的思维方式。"互联网+"将互联网的创新成果深度融入经济社会各领域，造就无所不在的创新，催生无穷无尽的新兴业态。在"互联网+"的背景下，地方高校创新创业教育必须在理念、目标、方法、途径和载体等诸多方面进行创新发展，学校不能仅把互联网看作技术、平台，更应该看作一种观念和思维方式。学校既要利用互联网技术手段和信息平台开展创新创业教育，又要通过创新创业教育培养"互联网+"思维和"开放、平等、协作、分享"的互联网精神。

# 第四章 创新创业教育的关系问题

创新创业教育与专业教育、职业教育之间的关系定位，决定着创新创业教育的培养目标、教学方式和组织形式。

## 第一节 创新创业教育与专业教育

### 一、专业教育的特征及内涵

#### （一）专业教育的特征

专业是指社会中特定行业经过不断拓展其认识论基础、提升其服务水平，通过专业化运动而达到的一种专业化的职业状态。[①] 专业也指一些知识、智力活动含量以及社会地位都比较高的职业，如医生、律师和教师等。[②] 由此可知，专业是职业，是特殊的职业。特定职业从出现到发展成为专业大致要经历五个阶段，即初级专长阶段、准职业阶段、正式职业阶段、准专业阶段、成熟专业阶段。

普通大学而非职业学校之所以成为开展专业教育的主要场所，有其一定的必然性。因为，普通大学是学者的社团，是探索和传播高深学问的场所，具有人才培养的本质职能。[③] 普通大学开展专业教育主要有两种形式，即培养专业人员和探究专业理论知识。普通大学在发展专业科学知识体系方面扮演了重要角色。专业科学知识体系的系统化（发展成课程）、结构化（组合成专业课程计划）、合法化（课程和课程计划获得确认的过程）和传承（传授给准专业人员——学生）等主要是在普通大学完成的。[④] 由此可知，

---

① 施颂华：《深圳大学生创新创业能力培养探析》，载《特区实践与理论》，2010(4)。
② 陈伟：《西方大学教师专业化》，15 页，北京，北京大学出版社，2008。
③ Freidson E.，*Professionalism Reborn：Theory，Prophecy and Policy*，Cambridge，Polity Press，1994，p. 16.
④ 刘宝存：《大学理念的传统与变革》，219～243 页，北京，教育科学出版社，2002。

专业教育的实践主要是在普通大学进行的，不仅包括专业人员的专业知识和专业技能的培养，还包括专业理论知识的探究，因而具有学术性和职业性的双重特征。

专业的专业性、自主性和自治性等核心属性决定了其对专业人员有严格的准入制度，即专业任职资格认证制度，如医师资格证、律师资格证等。专业对其从业或执业有整套的注册登记制度，以此来维护专业人员的专业性、维护专业人员及其服务对象的共同利益。专业任职资格是对专业人员达到从事专业实践所需要的水平和能力的认可，而专业学位教育颁发的专业学位是对专业人员接受专业教育程度以及所达到的专业和学术水平的认可，两者之间存在一定的相似性，如都有鲜明的职业性。而且，接受专业学位教育的人员与申请专业任职资格的人员有一定的交叉性。专业学位高等教育通过紧密结合社会需求和职业背景，有效吸纳和使用社会资源，已成为我国高等教育的重要组成部分。

### （二）专业教育与创新创业教育的内在关系

大学专业教育的细分及其培养目标的专一性最初来自西方工业化时代，是"标准化、可复制、大批量生产、质量控制"等特征在教育领域的反映。在今天的时代里，社会经济的驱动力已经不再依靠生产要素的数量增加，而依靠大量的富有创造力、更具个性表达的个体。大学的专业教育需要更多地考虑每一个学生的个性特征与学习需求，在针对某一个特定学科或领域的教学过程中，也要融入其他相近学科的知识。专业教育也需要增强对不断变化的外部环境的反应，培养目标、课程体系、教学方法、评价方式也需要不断变革以适应知识经济时代对创新人才的定义。

创新创业教育与专业教育的融合需要面对几个重要问题。首先，创业教育可以划分为一个独立的学科而与其他领域的内容完全不同。其次，创业教育与专业教育之间的融合应该采取哪种有效的途径。最后，如何使外部环境为大学生的创业教育提供支持。从欧美国家创业教育的开展过程中，我们可以汲取经验。

奥地利经济学家约瑟夫·熊彼特在《经济发展理论》一书中首次对"创新"这一概念进行解释并开创了针对创新的理论研究。他认为，创新就是"生产函数的建立"，是"生产手段的新组合"。[①] 从1947年美国哈佛大学首次在商学院开设创业教育课程，到1953年纽约大学开设由彼得·德鲁克主讲的创业教育讲座，再到1968年百森商学院第一次引入创业教育学士学位，创业教育已经从当年的商学院、工程学院扩展到了大学的其他学院。

大学教育的目的不仅是传授给学生专业知识和专业技能，更重要的是使大学生更深刻地理解他们生活的世界，以及如何利用自身掌握的知识和技能来改变这个世界，在实现自我价值的同时为社会的发展做出贡献。高校中的创新创业教育和相应的实践

---

① 赵康：《专业、专业属性及判断成熟专业的六条标准——一个社会学角度的分析》，载《社会学研究》，2000(5)。

活动必须体现当今世界发展的趋势、人类行为的复杂性以及区域文化的差异性，体现专业教育成果在现实社会中的具体运用。从创新人才培养和大学生创新能力提升的角度来看，创新创业教育是实现上述目的的有效方式。创新创业教育的本质就是以更具有实践性、个体性、多样性的方式实现创新人才的培养。

## 二、创新创业教育视域下的专业教育问题

尽管目前我国许多高校也意识到创新创业教育的重要性，并开始推行创新创业教育，但大多数高校的创新创业教育局限于操作和技能层面，还未将创新创业教育纳入专业教育的培养方案和体系之中。同时，大多数高校也没有制定创新创业教育的考量制度。高校一直以来是以就业率来评定教学质量的高低，没有动力将创新能力纳入学生的评价体系，从而导致创新创业教育与专业教育脱节。这种脱节造成很多从事高等教育的教师认为创新创业教育只需要开展所谓"第二课堂"活动，其落脚点依旧是创业技能训练。很明显，创新创业教育体系并没有被纳入学校的学科建设规划、人才培养方案以及质量评价体系之中。此外，创新创业学科建设的时间过短，建设的内容也不够完善，课程设置在各高校随意性也很大，大多是根据各自师资队伍的情况来设置相关的创业课程，这也造成与专业教育体系的结合度不高，尚未形成以创新创业教育为目标的课程体系，阻碍了创新创业教育的推广。

### （一）教学内容与形式单一

当前高校专业教育中涉及的创新创业教育的内容普遍狭窄，主要体现在课程体系设置中没有体现出创新能力建设和创业能力的培养，创新创业课程没能与专业课程紧密融合，未真正把创新创业教育纳入培养目标及培养方案中，只落在了纸面上，未真正落实，与教育教学、科学研究、生产需要严重脱节。我国创新创业教育起步晚，许多高校仍处于摸索阶段，无论是学校还是学生，对大学生专业教育和创新创业教育关系的认识都存在偏差，学校的定位也有偏差。[①]

1. 网络媒介普及率和使用率不高

随着网络的普及，人类认知不断向纵深拓展，观念创新层层推进，落后的模式不断被淘汰和摒弃。2007年，萨尔曼·可汗（Salman Khan）通过网络平台成立非营利性的"可汗学院"（Khan Academy），实现教育模式的完全创新。[②] 传统经典理论和模式不断被人们重新解读和认识，并通过网络快速地获得认同。创新创业教育面向的是学习自主性较高的青年群体，更应该积极提升其创新能力，树立其创新合作的意识。

但是我们看到，虽然国内高校大多拥有自己的校园网络平台，但是，在网络成

---

①　陈奎庆、毛伟、袁志华：《创业教育与专业教育融合的模式及实现路径》，载《中国高等教育》，2014(22)。

②　董雪：《"互联网＋"视阈下大学生创新创业教育路径探究》，载《现代经济信息》，2015(17)。

为教育重要舞台和载体的大背景下，校方面对变化并未及时充实、更新内容和素材。从博客、微博到APP应用平台和微信，可依托的网络平台越来越多，使用也越来越便捷，然而我们对这些平台的使用，依然只限于平台本身，更多地只体现其通信交流的功能，而忽略其可以作为教育工具或手段的潜能。在全新的形势下，要想更好地在专业教育中融入创新创业教育思维，只有适应互联网时代的快节奏，持续创新并创造性地利用好网络平台，才能充分发挥其引导作用。慕课（MOOCs）等现代教学手段虽然正在逐步出现，但是普及率和使用率还很低，而且并未与传统教育方式完美融合。

互联网参与具备广泛性和渗透性，其碎片化、互动化、交互性等交流手段并未体现在专业教育深入学生日常生活并与之融合上，其对学生积极性和主动性的调动、参与性的提升是显而易见的，但是它对专业教育可能带来的作用却一直被忽视。

2. 学生创新创业基地建设中专业教育渗透不足

专业教育中的创新创业教育理念仅停留在理论知识的传授上，无法满足大学生在创新创业方面的需求。一些高校不重视创新创业实践基地的建设，缺乏必备的硬件设施，不能让学生的能力在实践中得到真正的提升。另外，教学方案制订和教学计划安排缺少创业实践实习环节或实践环节安排的学时、内容等不尽合理，使学生无法结合所学专业知识和社会需求开展创业实践。

尽管在国家的引领下，各高校对于创新创业发出了不同的宣传声音，但效果依然不佳。学校的引导力度不够，没能形成支持创新创业教育的专业教育体系。第一，学校的理念不到位，很多高校仅仅在时间、人员、资金投入上对创新创业基地进行投入，而忽视了专业在创新创业教育过程中的重要性；第二，创新创业活动的形式单一、内容陈旧，仅仅是专业知识的延伸，所以带来的实际效果不佳。这也使得本来颇具活力的创业教育枯燥无味，很多活动只停留在表面，无法吸引紧跟时代的大学生。

网络的便捷性、直观性越来越为社会认同。网络平台受众面广、影响力大，可以最大限度地发挥优质教育资源的作用。但是，在实施创新创业教育与网络平台对接的过程中，资源的有效共享和充分利用并不到位。今天，淘宝、拍拍、易趣、京东、微店等已经成为青年大学生生活中必不可少的一部分，但目前仅有诸如电子商务等少数专业在开展创新创业教育过程中，可以借助上述平台搭建创业基地并鼓励学生参与，绝大部分的专业教育往往是脱离这些平台而存在的。当然，这其中的主要原因是对基础类和文史类学科而言，我们尚未找到行之有效的方法与合适的途径为专业教育搭建这样的网络基地。

（二）师资专业化水平不高

当前，高校专业教学教师较少具备创新创业教育的理论背景，也缺乏相关的专业带头人和学术骨干，所以教师只能照本宣科、纸上谈兵，在教育教学中不能有效地融入创新创业教育，形成不了优秀的教学团队。[①] 因为种种原因，教育者对创新创业教育的重视度不够，不具备结合实际、因地制宜地开展创新创业教育的能力，不能与学生互动，不能有效地激发学生创新创业的激情。

1. 具备创新创业教育背景的专业教育师资不足

目前，具备创新创业教育背景的教育师资队伍相对匮乏，这是导致高校创业课程匮乏、创新创业教育开展不达预期的重要原因。创新创业教育属于素质教育，它是一门实践性、综合性很强的学科。它不仅仅是理论知识的讲解、思想意识的教育，更重要的是实践能力的培养。[②] 这就要求参与创新创业教育的教师，不仅具有较高的理论水平，而且还要有丰富的实践经验。[③] 目前，高校教师多缺乏丰富的横向项目和企业管理经验，到企业进修的机会少，极少数的高校外聘企业教师可以大范围地面对高校学生进行交流、沟通。这种现状导致高校的创业教育大多仍停留在形势、政策、技巧方面的教育，而缺乏深层次的、对学生创业的引领，难以增强大学生的创业意愿。

同时，我国多数高校的创新创业师资主要是来自于本校从事专业教学的教师或者从事学生工作的辅导员和管理人员。这些师资由于创业经验缺乏，往往没有更多的精力进行创新创业教育研究，也没有更多的时间参与市场和企业实践，创新创业教学内容往往脱离企业的实际情况，只能进行理论教学。教师在此类课程中的教学指导方式单一，更为重要的是，教师的知识结构单一，往往难以满足创新创业教育的多元化要求。创业课程尤其是优质课堂难以开设，教师自身的创新能力比较薄弱，也很难培养出创新型人才。[④] 虽然部分高校或者专业可以从外界请来政府部门的工作人员或企业管理人员进行讲学，甚至充当兼职教师，但这样仍旧缺乏系统的教育体系。在普通高校有限的办学经费中，各高校很难在创新创业教育方面投入大量的教学经费和配套资源，加之一些政策和措施落实不到位，教师指导或讲授创业课程的积极性普遍不高，在本来就繁重的科研、理论教学工作上，对此投入的精力和时间更是有限。

2. 脱离网络时代的特点

当代青年追求自我价值的实现，网络的高度开放性和广泛参与性为其提供了展示自我的平台。以博客、播客、闪客、维客、创客等为代表的"客"文化进一步深化了网络文化，其个性化、多元化、多样化更加明显。而很大一部分高校教师本身并未很好地融入互联网发展的趋势中，甚至对于其高速发展抱有抵触或畏惧心理，从而与当前大学生脱节，更不能理解学生日常学习和生活对网络的依赖，因此自然不能在教学中

---

[①] 马明山、乔丹丹、汪向征：《公众视野中的可汗学院课程评价及其启示》，载《中国电化教育》，2014(1)。

[②] 王东明、刘姬冰：《大学生创新创业教育存在的问题与对策研究》，载《河北软件职业技术学院学报》，2014(4)。

[③] 邓淇中、周志强：《大学生创新创业教育体系的问题与对策》，载《创新与创业教育》，2014(1)。

[④] 李家华、卢旭东：《把创新创业教育融入高校人才培养体系》，载《中国高等教育》，2010(12)。

将"互联网＋"与专业知识、自身经历等结合在一起，导致专业教育脱离网络时代的特点。

一切从实际出发是马克思主义哲学的基本精神，社会是日新月异并且处在不断变化发展中的，但是我们对学生的教育的变化却不大，这造成了学生在毕业就业时就落后于时代要求，不符合社会的发展需要。因此，在这个信息爆炸的时代，如何引导学生更好地进入这个社会，是当代大学生创新创业教育的题中之意。

### （三）教育理念不能与时俱进

中国教育要实现向创新创业形态的大转变，就必须改革传统的专业教育观念、课程、制度与方法，① 用新的目标、新的视野、新的理念、新的举措大力推进专业教育改革，培养一大批具有社会责任感、创新精神和创业能力，善于将创新成果转化为现实生产力的高素质人才。

创新创业教育是适应经济社会发展和高等教育自身发展需要而形成的教育理念。② 国家依据形势变化更新和颁布了一系列针对创新创业教育的纲领性文件和要求。但文件和要求不能得到及时落实，导致学生的创意不能及时与现实对接。目前，多数高校的创新创业教育还只停留在组织创业计划大赛上，只能让个别学生参与浅层次的创新创业讲座，或者只是象征性地设立大学生创业基地而没有发挥其作用。

1. 对新形势下专业教育的目标和理念认识不到位

创新创业教育正在高等学校中轰轰烈烈地开展，但人们对创新创业教育和专业教育的认识不到位。很多人认为专业教育是高校的核心，传授专业知识和技能才是根本，至于学生就业和创业教育则是劳动和人事部门的工作。对高职学生创业目的的调查显示，有 37.5％的学生的创业目的是"实现自己的创业梦想"，选择"赚更多的钱"的学生占 33.4％，选择"解决就业"的学生占 28.1％。大多数学生对创业的认识是有志通过创立公司、创办企业来实现自己的梦想，体现个人的价值。但是还有一部分学生认为，创业的目的仅仅是赚钱。还有一小部分学生认为，创业就是创办公司，甚至误将勤工助学等同于创业。

在我国高等教育的理念中，专业教育和创新创业教育都存在重理论、轻实践的现象。学生的创新能力和创新意识严重不足。我国高校主要是培养综合化、通识化人才，但快速发展的经济社会更需要具备创新能力、实践能力、综合素质较高的人才。我国高等教育普遍存在着注重专业教育，缺乏对学生进行创新素质培养的问题。多数高校没有对学生进行创新创业教育，导致大部分学生并没有创新创业理念。我国高校创新创业教育的不到位，导致现在学生的创新创业教育理念缺失。

---

① 彭文博等：《创新创业教育课程体系建设的探索与实践》，载《创新与创业教育》，2010(4)。

② 王革、刘乔斐：《高等学校一种新的教育理念——中国大学创新创业教育发展报告述评》，载《中国高教研究》，2009(9)。

2. 专业教育与创新创业教育课程体系不完善

在一些高校的课程体系中，创新创业教育只作为职业生涯规划课程或就业指导的一部分，并未纳入专业教育课程之中。有的学校甚至没有将创新创业教育纳入学生专业计划的培养方案中。授课过程存在着形式单一、内容陈旧、缺乏实效性等问题，这些都严重制约了创新创业教育的发展。

当前，专业教育与创新创业教育协同作用发挥不完善，主要表现为课程体系不完善、教学内容不系统，只是以选修课或讲座形式开展，使学生很难通过简单的、不成系统的几节课完成创新创业教育。学校的教学内容不详尽、横向联系不紧密，在进行知识传授的过程中依然采用教师讲授为主、学生被动接受的传统教学模式，且没有相应的创新创业实践活动跟进理论学习，学生只能掌握其中的皮毛。这些都是阻碍高校专业教育和创新创业教育发展的原因，所以，学校无法培养出具有真正创新知识和创新能力的人才。

## （四）人才培养模式改革不彻底

高校要持续发展，培养模式也应做出相应的变化。我们需要用新的教学模式跟上时代的步伐，延长自己的办学道路，提升自己的办学水准，更有效地帮助学生获取知识，实现优秀教育的共享和公平。然而，现实情况是，人才培养模式改革尚不彻底，效果并未完全体现。

1. 忽略个体特性，人才培养模式单一

当前的专业教育对学生的个性尊重不足，尚未实现个性化教育。个性是一个人稳定的心理品质。一个成功的创新创业者需要具备热情、适应性、专心致志、乐观、自信、协作的精神和坚韧等个性特征。当代青年自我意识突出，追求自我价值的实现。"互联网＋"时代的到来，要求我们做到以高素质创新创业人才的培养为价值目标和立项追求，以个性引导为基础开展工作。[①]

笔者查阅国内几所高校经济学专业的培养方案后发现，不仅基础课与专业课的设置区别不明显，而且选修课程不够充分，培养方案明显存在着趋同性，缺乏自主性和灵活性，学生不能自主地结合自身特点和喜好进行选择。如果在培养方案中不能提供学生自主选择的空间，因材施教和个性化培养恐怕就是一句空话。同时，统一的教学计划、工厂化的培养方式，也无法适应经济社会发展对经济学专业人才的要求。每年的就业状况表明，用人单位不但要求大学生具备扎实的专业知识，还要求大学生具备适应不同职位要求的多元化素养。

因为不具备整合资源和构建、实施创新创业教育体系的能力，高校往往没有把创新创业教育纳入人才培养工作中，普遍没有形成或建立统一且与实践相结合的人才培养方案，创新创业教育和教育教学体系的融合度不足。绝大多数学生不仅不能接触到

---

① 刘伟：《高校创新创业教育人才培养体系构建的思考》，载《教育科学》，2011(5)。

与创新创业教育相关的教育内容，而且也无法接受相关培训。改革观念、打破传统模式、"以学生为中心"并依托网络提升创新创业教育水平，已经成为我国高校的迫切任务。

2. 教育实践环节薄弱

重理论、轻实践的现象普遍存在于专业教育和创新创业教育的过程中。而创新创业教育在理论学习的基础上，应加大对专业教育中实践部分的体验。很多高校单纯通过讲授创新创业知识来开展创新创业教育，有的学校虽然设置了一些创新创业的实践基地，如科技园、孵化基地，但没有真正地有效利用。还有相当一部分学校虽然举办了各式各样的创新创业大赛，但由于不注重后期参赛项目、团队的扶持与跟踪，使得大赛仅仅停留在比赛层面，没有取得教育的成效。因此，如何加强创新创业教育的实践环节，让学生在实践平台上实现体验式学习，是高校有效开展创新创业教育需要解决的一个问题。

## 三、创新创业教育与专业教育的融合问题

创新创业教育与专业教育之间的融合趋势愈发明显，如何将创业教育有效地融入专业教育中，在培养大学生专业知识的同时融入创业的理念、知识与技能，使大学生成为既懂专业知识又有一定创业能力的复合型创新人才，已经是今天欧美大学本科课程改革中最为明显的主题。在这一过程中，大学内部也改变了对创新创业教育的传统认识，特别是自20世纪80年代《拜杜法案》通过之后，美国大学鼓励教师和学生以技术转移的形式，将各种创新性研究成果转化为实际价值。我国也在最新的高校大学生管理办法中明确规定了创新创业的支持政策。经过多年的探索，我国高校创新教育已经得到进一步发展，成为推动我国高等教育改革发展和创新型人才培养的重要手段。创业教育无论是从政府层面的政策与制度建设，还是从学校层面的课程设置、师资建设、创业实践基地建设以及学生的认可度和参与度来讲，都已经渡过了初始期，各类创新创业大赛、论坛等相关教育活动大面积铺开。下一阶段的发展方向是尊重不同区域、不同高校间的差异性，发挥各高校办学的特色与优势，促进创新创业教育与专业教育融合的深化。

我国要转变创业教育发展战略，鼓励多样化的发展模式。创业教育的本质在于挖掘每一名大学生的创新潜能，唤醒其创新和创业的意识，提高其创业能力，最终提升高校整体的人才培养质量。创业教育除了可以作为个体知识实践化的一部分，更重要的是可以形成创造性的意识、思维和方法。它不仅仅是指向实践的教育，更是一种全面的教育。因此，从创新人才培养的角度来看，我国高校的创业教育在分层分类、区分地区差异和高校差异的基础上，要调整自身的发展战略和实践路径，深化对创业教育内涵的认识，将面向少数学生的自主创业转向面向全体在校学生，将创业教育理念与方法融入专业教育的过程中，丰富并完善大学生的知识结构，从而使大学生能够更

好地适应未来不断创新的社会，并实现自我发展。

借鉴英、美高校创业教育与专业教育之间融合的经验，我国应根据自身办学的特色和实际情况，从发展模式、课程建设、师资培养、教育改革、实践基地发展等多个层面推进创业教育在高校中的全面发展。

## （一）创新创业教育与人才培养体系的融合

由于高校人才培养目标定位不同、学科及专业特点不同，创新创业教育与具体专业教育融合的模式也不同。各高校、各专业应根据本学校、本专业人才培养目标定位和学科专业特点，研究创新创业教育与专业教育的融合模式，即在现行的专业课程体系内增加创新创业教育课程。

### 1. 人才培养各阶段目标的融合

创新创业教育理念作为专业人才培养的指导原则贯穿始终，体现在人才培养的每个阶段和环节中，贯穿在每门课程的设计中。一是渗透通识课程。一般情况下，大学一年级学生以学习通识性公共基础课程和专业基础课程为主，处于大学适应期。这个阶段可以在传授通识性知识的过程中渗透创新创业思想，培养学生的创新创业精神。二是融入专业课程。学生在大学二年级和三年级主要学习专业课程，这期间可以将创新创业技能课程融入教学的具体内容，培养学生专业化的创新能力和创业技能。三是嵌入专业实习和实践。学生在大学四年级主要以社会实践为主，这个阶段可以将创新创业教育嵌入专业实习或实践教学之中，带领学生体验现实工作情境，锻炼学生实际工作的能力和操作能力。

### 2. 构建课程体系

目前，许多高校开展创新创业教育只停留在课外模拟演练阶段，在课外环节进行，而且主要是围绕各省和国家的"挑战杯"大学生创新创业计划竞赛组织进行的，多处于被动、临时应付、不规范的发展状态。创新创业教育课程还没有纳入课内环节，没有纳入教学计划（培养方案）体系内，还没有形成比较完善的课程体系，导致开展大学生创新创业教育活动与专业教育课程冲突，创新创业教育得不到保障。

## （二）创新创业教育与专业课程教学内容的融合

围绕专业核心课程体系，开设项目研发与设计训练的专业必修课；围绕专业课程体系，开设交叉学科选修课。学校要在人文社科基础课程中开设经济学导论、管理学导论、创业理论等经营管理类课程；在课程体系融合的基础上注重授课内容的融合，将创业教育内容与专业教育内容紧密地结合起来。比如，创业教育的基本途径和形式是开展大学生模拟创业活动，大学生模拟创业活动的最终成功通过书写、制作的作品——"创业计划书"体现出来。创业计划书实际上就是可行性分析报告，其主要内容包括：执行总结、产业背景、市场调查与分析、公司战略与营销策略、经营管理、管理团队、融资与资金运营计划、财务分析与预测、关键风险与问题等。在专业授课过程中，学校要充分地将专业理论知识与这些内容建立连接，进行有效且有机的融合。

### （三）创新创业教育与专业教育实践活动的深度融合

**1. 依托大学生就业和创业指导课，结合实际开展创新创业网络教育**

随着网络的普及，人类认知不断向纵深拓展，观念创新层层推进，落后的模式不断被淘汰和摒弃。2007年，萨尔曼·可汗通过网络平台成立非营利性的"可汗学院"，实现教育模式的完全创新。[①] 传统经典理论和模式不断被人们重新解读和认识，并通过网络快速获得认同。创新创业教育面向的是学习自主性较高的青年群体，所以更应该积极提升其创新能力，使其树立创新合作的意识。在网络成为教育重要舞台和载体的大背景下，高校应当依托已有的校园网络平台，结合变化及时充实、更新内容和素材，建立对应的教育网络系统，推动载体创新。高校可以利用新媒体技术，把传统教育方式、方法和慕课等现代教学手段结合起来，搭建与现实对接更紧密的课程体系。在这个过程中，高校应当积极关注业态发展，让最新的创新创业案例成为学习素材；应当把学生关注的社会热点转化为可接触的教育资源。高校还可邀请业界精英、行业专家参与网络教学，拓展学生学习的时间和空间，并通过面对面交流、网络微专栏等形式的互动，切入学生关心的就业创业等现实问题。

**2. 利用网络平台，通过持续性创新，让高校专业教育跟上社会变革的步伐**

从博客、微博到APP应用平台和微信，高校可依托的网络平台越来越多。创新创业教育只有适应互联网时代的快节奏，持续创新并创造性地利用好网络平台，才能充分发挥其引导作用。高校应当注重利用互联网参与的广泛性和渗透性，通过碎片化、互动化、交互性等手段让创新创业教育深入学生日常的生活并与之融合，调动学生的积极性和主动性，提升其参与性。现代企业在拓展市场时，往往依托网络，通过场景应用和故事情节吸引客户。高校可以借鉴并恰当运用"场景+故事"的表述方式对传统教学模式予以改造，以世界日新月异的变化为场景，以新常态下各行各业的风云变幻为故事，与学生开展深层次交流，帮助其树立创新创业的意识。

**3. 利用网络时代的特点，探索创建更多的实践平台和实施的可能性**

当代青年追求自我价值的实现，网络的高度开放性和广泛参与性为其提供了展示自我的平台。以博客、播客、闪客、维客、创客等为代表的"客"文化进一步深化了网络文化，其个性化、多元化、多样化更加明显。我国当前的创新创业教育实践依旧借助于"挑战杯"及创业设计类竞赛，大学生的参与度不高。一些高校已经针对这种情况陆续推出了与"互联网+"相关的创新创业教育训练和实践计划，这为拓展创新创业教育提供了良好的基础。创新创业实践应当结合不断被开发出来的各种需求，结合学生自我价值实现的要求，积极引导学生发挥其创新、创意能力，充分引导、鼓励其参与创新创业实践。

---

① 葛宝山、王侃：《个人特质与个人网络对创业意向的影响——基于网店创业者的调查》，载《管理学报》，2010(12)。

## 第二节　创新创业教育与职业教育

每年不断增加的毕业生人数和其他方面的待就业人员，给我国就业带来巨大的压力。每年临近毕业之时，总能看到大批手拿简历，挤在人才市场的焦急身影。巨大的就业压力，向我国高等教育提出了更高的要求。大学生是最具创新、创业潜力的群体之一。推进高等学校创新创业教育和大学生自主创业，使更多大学生实现自主创业，并为社会提供更多的社会就业岗位，能够促进我国当前和长远的经济发展以及社会大局的稳定。创新创业教育尽管不等于创办企业的教育，也不可能使所有接受创新创业教育的大学生都去创业，但推进一大批大学生实现自主创业是创新创业教育的一个重要目的。如今，我国劳动力供大于求的矛盾相当突出，这个问题是"维稳"解决不了的，要靠不断创造新的就业岗位来解决。而推进大学生自主创业是创造就业机会、缓解就业压力的途径之一。

### 一、职业教育的特征及内涵

#### （一）职业教育概念及其本质属性

职业教育这一名称在世界上很多国家是不一致的，有的称为"职业教育"，有的称为"职业技术教育"，有的则称为"技术和职业教育"。[①] 我国在不同的时期也有着不同的表述：中华人民共和国成立以前和中华人民共和国成立以后很长一段时间沿用的是"职业教育"这一名称，1982 年 2 月 4 日通过的《中华人民共和国宪法》也称其为"职业教育"[②]。1985 年 5 月 27 日颁发的《中共中央关于教育体制改革的决定》将其改称"职业技术教育"。但是，在 1994 年 6 月召开的全国教育工作会议上，李鹏总理的报告中又提为"职业教育"。1996 年 5 月 15 日通过的《中华人民共和国职业教育法》统一定名为"职业教育"。

职业教育是指让受教育者获得某种职业或生产劳动所需要的职业知识、技能和职业道德的教育，其目的是培养应用人才和具有一定文化水平和专业知识技能的劳动者。与普通教育和成人教育相比，职业教育侧重于实践技能和实际工作能力的培养。[③] 职业教育作为教育的一种类型出现并不断发展成熟到今天，已经有很长的历史。职业教育的解释也很多：杜威将职业教育作为一种为从事职业工作的准备教育[④]；斯内登则将凡

---

① 马明山、乔丹丹、汪向征：《公众视野中的可汗学院课程评价及其启示》，载《中国电化教育》，2014(1)。

② 张家祥、钱景舫：《职业技术教育学》，2～3 页，上海，华东师范大学出版社，2009。

③ 参见《中华人民共和国宪法》第 19 条。

④ 李燕：《从杜威的"从做中学"角度看我国的职业教育》，载《科教导刊(上旬刊)》，2014(3)。

为生活做准备的教育都归为职业教育①；《国际教育词典》中指出："职业教育是指在学校内或学校外为提高职业熟练程度而进行的全部活动，它包括学徒培训、校内指导、课程培训、现场培训和全员再培训。当今职业教育则包括职业定向、特殊技能培训和就业安置等内容。"

因此，职业教育是一个历史的、发展的概念。在职业教育发展到 21 世纪的今天，它往往被界定为：职业教育就是在一定普通教育的基础上，对社会各种职业、各种岗位所需要的就业者和从业者进行的职业知识、技能和态度的职前教育和职后培训，使其成为具有高尚的职业道德、严明的职业纪律、宽广的职业知识和熟练的职业技能的劳动者，从而适应个人要求和客观的岗位需要，推动生产力的发展。② 从纵向来看，职业教育体系应该包括初、中、高三个层次。

事物的特点是其本质属性的外在表现，职业教育区别于其他各类教育的根本点在于其职业性、社会性和实践性。首先，职业教育的职业性体现在它的培养目标的建立上：从人才培养的方向上来看，职业教育培养的人才是能够掌握某种社会职业必备的文化科学知识、专业理论知识和技能的应用性人才；从素质结构上来看，职业教育要求接受不同层次职业教育者在一定的科学文化知识和专业知识的结构和一定的专业能力、社会能力的能力结构上形成相应的、具有特定的职业指向性的素质结构。其次，职业教育在人才培养的各个环节与社会建立了广泛的联系，具有社会服务的特点。最后，职业教育区别于普通教育及其他教育的特点还在于职业教育从应用和实际的角度出发，注重实践能力的培养。

## （二）职业教育的发展趋势

随着社会的发展，职业流动率的增高，世界各国充分认识到职业教育的重要性。职业教育正趋向体系化发展，并形成一个独立于普通教育且与之并行的教育体系。因此，职业教育体系也应是具有不同的教育层次和完善的结构的开放式的教育体系。产业结构决定着职业教育的层次、规模和专业结构，实践证明，各国职业教育都积极适应产业结构调整的要求，来服务本国经济的发展，促进本国产业结构的优化和升级。从未来各国产业发展的态势可以看出，未来的产业趋向高科技化，产业发展迅速、岗位变化多，现代服务业取代制造业成为新一轮产业发展的主体，由此使职业教育呈现出新的发展趋势。

1. 职业教育的终身化趋势

1999 年在韩国汉城（现为首尔）召开的第二届国际技术与职业教育大会确定了"职业教育是终身教育的重要组成部分"这一理念。终身教育思想出现在 20 世纪 60 年代，是

---

① 唐晓曦：《杜威的"从做中学"对职业教育教学模式改革的启示》，载《新课程研究（职业教育）》，2008(10)。

② 郭宇峰：《斯内登的职业教育思想及其影响》，载《中国成人教育》，2014(13)。

对人的持续协调发展加以设计，把整个教育作为一个整体加以设计，使人们进入教育领域不再有时间和空间的限制，使人人都能学习并且一生都能有学习的机会。职业教育是实现终身教育的一个重要途径，需要具有灵活多样的办学模式和互通的终身教育体系，协调正规教育与非正规教育，并为全民提供终身的学习机会。如在美国当前的教育改革中，"职业教育"这个词正在被"生涯教育"和"技术教育"所取代，其"国家职业教育研究中心"在世纪之交也更名为"国家生涯与技术教育研究中心"，原来各州推行的"从学校到工作"的改革项目也纷纷改名为"从学校到生涯"。这一更改并非只是名称的改变，而是反映了 21 世纪世界教育的主题，即以人为本、着眼于个人生涯的终身发展。[①]

2. 职业教育的人才培养的综合化趋势

在新的经济条件下，劳动力需要具备很强的适应能力，要能够迅速地迁移所学的知识于新的环境，要能够迅速地更新知识以适应新生的行业或职业的要求。在新的经济条件下，劳动力可能不得不经常地变换职业，许多劳动力需要具备创业能力，从而在激烈竞争的就业市场中立于不败之地。许多国家都改革了职业技术教育，加强普通教育，全面提高学生的基础文化水平，同时拓宽专业，以适应新经济条件下就业市场的需要。例如，德国设立的职业资格从 1972 年的 600 个减少到目前的 377 个。德国要求获得一种职业资格的受训者要同时熟悉 7～8 个工种要求的岗位能力。[②] 美国在从学校到工作的联邦项目中，要求参加项目的所有中学为学生提供 4～6 大类职业课程模块。俄罗斯技术工人培训的专业最高曾达到 5 500 种，现在经改革合并，减少到 80～100 个专业面，中等职业教育则只设立 30～40 个专业面。

3. 职业教育的能力取向趋势

技术创新周期的缩短促进了社会职业更新频率的加快，如动漫设计、金融工程师等新型职业不断涌现。而在采掘、纺织等一些传统产业中，出现了大量的低技术含量工作人员，高端技术人才不断丧失工作岗位。这对旧的过于狭隘的专业人才培养模式提出了巨大挑战。像英国、美国、澳大利亚等发达国家，在产业结构升级和新经济发展过程中都不同程度地面临过结构性失业和新型专业人才短缺的问题。在这种背景下，以能力为本位的教育思想被接受，职业教育界在专业设置与课程设计上也不再局限于狭隘的岗位，而是着眼于某个职业群或职业面。例如，产生于北美的 CEB(Competence Based Education)模式也于 1980 年前后流行于世界各地。该模式的全称为"以能力培养为中心的教育教学体系"。它的教育理念是重视"学"，而不是"教"，强调学生的自我学习与自我评价。[③] 这一模式所指的"能力"不仅指具体操作的专项能力，而且包括个体的

---

① 高秀兰：《我国高等职业教育的发展趋势和策略》，载《科教文汇》，2006(1)。
② 周报春：《美国社区学院的改革对我国高职教育的启示》，载《职业教育研究》，2007(10)。
③ 孙晓莹：《德国职业教育对我国职业教育发展的启示》，载《教学研究》，2006(5)。

综合素质、自我驱动力，是综合的能力。

### （三）现代职业教育促进区域创新创业的机制

#### 1. 现代职业教育促进区域人才培养

现代职业教育是区域发展人才的培养库。从承载的功能看，创业型经济职业教育可以分为三类：创新创业职业教育，培养具有企业家精神的创业先锋；促进与产业匹配的职业教育，培养与产业相匹配的高技能人才；促进与社会融合的职业教育，促进边缘化群体融入主流社会的职业教育。创业型人才是经济发展的发动机和动力源，其创新创业行为有可能产生巨大的经济效益，对产业升级、产业结构调整、社会发展等将产生巨大的影响。随着创业型经济社会的到来，技术创新带来的产业升级和产业结构的调整，要求职业教育能够与产业升级、产业调整相适应，为纵向的产业升级、横向的产业替代服务培养各种具有专业技能或技术的职业人。现代职业教育还可以为新生代农民工、因产业升级或产业摩擦带来的职业消失而结构性失业的人提供职业技能培训，促进其职业转换，这对促进区域经济社会发展具有重要作用。随着城市化进程的加速，人口流动性越来越大，职业教育可为农民工提供基本的技能培训，可以推进农民市民化。

#### 2. 现代职业教育是区域产业转型和产业集群发展的动力源

在后危机时代，全球政治经济格局重新洗牌的大变局下，一方面，先发国家传统产业加速转移；另一方面，全球产业的立体分工取代一、二、三产业的平面分工，成为产业结构调整的主流。先发国家越来越多地把注意力投向新兴战略性产业。在现代职业教育体系中，高层次的创业教育催生新兴产业，创业型人才通过创意、创新、创造发掘全球最具前导性和领先性的商业模式和产业业态，引领区域发展。[①] 中等层次的职业教育可增强产业创新能力，通过培养产业自主创新紧缺的创新型高技能人才，增强产业自主创新中先进科学技术转化为现实生产力的能力，从而发挥其提升产业自主创新能力的作用，使产业主动、动态升级，克服市场的制度性介入形成的困境。职业教育培训通过对大量进城务工农业人口和下岗工人的职业教育培训，使他们能够掌握更加全面、专业的生产技术，从而避免出现结构性失业、"民工荒"等不良问题。目前，我国区域新兴战略型产业正在加速发展，产业集群是其发展的必由之路。现代职业教育是经济、科技、知识教育的联结点，在推动技术进步、培养创业型人才、发展创意产业、促进经济发展等方面发挥着巨大的作用，其发展速度、规模和质量决定了区域产业集群的发展水平。

#### 3. 现代职业教育引领区域创新创业发展

创新创业精神的培育是现代职业教育题中应有之义。创业教育强调对教育对象创业意识和创业能力的培养，它是一种更高层次的职业教育，目的是使学生具有更强的

---

① 赵建玲：《发达国家的职业教育模式及其启示》，载《金融教学与研究》，2007(3)。

社会适应性、具备独立生存与发展的才能。创业教育充分体现了现代职业教育的根本宗旨和特质，能够充分发挥职业教育对现代经济社会发展的引导和推动作用，能够增强区域有机体的活力。创业教育的核心是培养学生的企业家精神，即机会意识、创新精神与理性的冒险精神。换句话说，职业教育就是要实施企业家精神教育。企业家精神教育是指向个体教授理念和技能，使其能识别被他人忽略的机会，勇于做他人不敢做的事情，包括机会感知、风险性的资源整合、开创新企业和管理新企业等。美国硅谷许多企业的创始人都是年轻的大学生，他们思想活跃、创业精神强，对该地区的经济发展做出了卓越的贡献。2000—2002年，硅谷地区新创企业净增长约2.38万家，给该地区经济发展带来了巨大活力。以职业教育为源头的创业活动已成为美国区域发展的直接驱动力。

## 二、创新创业教育视域下的职业教育问题

2015年10月，首届中国"互联网+"大学生创新创业大赛总决赛在吉林省长春市举行，多位国家领导人对此次大赛做出重要批示。中共中央政治局常委、国务院总理李克强在批示中指出：大学生是实施创新驱动发展战略和推进大众创业、万众创新的生力军，教育部门和广大教育工作者要把创新创业教育融入人才培养，切实增强学生的创业意识、创新精神和创造能力，为建设创新型国家提供源源不断的人才智力支撑。创新创业教育和职业教育是缓解就业压力的两把利剑，两者在教育目标、教育内容、教育结构上存在很多相通之处，它们既相互联系又相互作用。职业教育能够引导学生的创新竞赛，而这正是创新创业教育的培养目标之一，所以，创新创业教育需要职业教育给予有效配合。

### （一）职业教育由工业化时代逐渐转向信息化时代

"互联网+"给教育带来的显著影响甚至会引发新一轮的教育革命。它对于职业教育的影响，首先是职业教育的范式将会由工业化时代逐渐转向信息化时代，职业教育的治理体系和治理能力将在大数据等现代信息技术的引领下走向现代化。职业教育的学习尤其是工作场所的学习将在移动互联互通下变得无处不在。[①] 刘延东副总理曾在2015年国际教育信息化大会上说："信息技术在教育领域的广泛应用，对教育理念、模式和走向都产生了革命性影响。"但是，面对着我国职业教育发展的现状，如何让"互联网+"成为推动职业教育转型升级和可持续发展的新引擎，如何借助"互联网+"增强职业教育适应经济新常态下产业升级的改革创新能力，如何通过"互联网+"优化职业教育的办学机制、运行模式及学习方式，如何以"互联网+"有效提升职业教育跨越横亘在校园教育和企业生产之间"中间地带"的能力，对于这些问题，我国学术界似乎还没有来

---

① 连莲、许明：《大学与区域经济社会互动发展——以英国英格兰东北部为例》，载《东南学术》，2009(2)。

得及思考。而这一切都需要厘清"互联网+"职业教育的逻辑内涵,剖析其形成机制,探寻其发展路径。

### (二)"互联网+"加强了校园作为职业教育平台的功能

当职业教育面对着"互联网+",我们首先要考虑的问题是现代职业教育因何而生。纵览职业教育发展的历程,在很长一段时期内,职业教育与企业生产原本就是一体的。但在近代,却因制度体系设计,造成了社会化分工的异化,从而在职业教育和企业生产之间出现了断裂的"中间地带",使得职业院校专注于职业教育,企业则专注于生产经营。但是,职业教育和企业生产之间却始终没有放慢相互融合跟进的步伐,它们一直在寻找跨越"中间地带"的契机,所以也就有了校企合作和产教融合。事实上,现代职业教育体系的建立,办学规模的不断扩大,包括职业教育专业课程体系的建立,在很大程度上都得益于工业革命。也正是工业革命让产业结构转向以工业为主且不断转型升级,使得现代职业教育的发展不仅成为可能,还成了经济社会发展的重要支撑和推动力量。也就是说,在"互联网+"时代的背景下,职业教育不仅要面向正在被改变及尚未被改变的传统业态,还要面向被"互联网+"催化升级了的新型业态。社会对职业教育的要求无形之中被放大了,这是职业教育对经济社会发展和产业结构调整升级而产生的一个动态适应过程和演化过程。高校要为这些因"互联网+"而即将变化、正在变化、已经变化的业态提供高素质的技术技能型人才。①

在"互联网+"时代,职业教育所具有的"教育性"和"职业性"的双重属性,在与产业发展对接的过程中,更显其动态适应性和过程优化性。"互联网+"背景下的职业教育突破了以往单纯的职业教育发展模式,而作为一个复杂适应性系统,面对外部环境的变化和冲击,做出积极响应及适应性调节。"互联网+"背景下的职业教育就是要利用互联网技术推动职业教育的转型升级,抓住外部机遇,壮大资源禀赋基础,优化资源配置方式,推动办学模式改革创新,提升职业教育产品和服务的附加值和综合竞争优势,并经由"互联网+"平台将校园教育更大程度地扩展出去。

### 三、"互联网+"职业教育的发展路径

互联网的泛在性及其跨界渗透能力,为职业教育优化资源配置、开展跨界合作及多元协同创新、打造新的校企合作网络等奠定了重要的基础。互联网有利于形成新的"职业教育生态链",推动职业教育的整体转型升级。但是,目前我国在大力倡导创新创业教育下发展现代职业教育还有不少问题有待解决,需要从以下几个方面厘清"互联网+"职业教育的发展路径。

### (一)完善政策制度体系

"互联网+"职业教育的发展过程,是职业教育资源禀赋与外部经济社会发展环境相

---

① 张杰夫:《互联网+给教育带来五大革命性影响》,载《人民教育》,2015(13)。

互作用的过程。除了资源禀赋的差异和产业价值网络形成机制的约束作用外，国家或区域的政策制度体系也制约着"互联网＋"职业教育的演化路径。目前，虽然国家层面已经颁布了《关于积极推进"互联网＋"行动的指导意见》，而且也对适应"互联网＋"的复合型人才培养提出了要求，但是尚未有与此配套的教育发展政策制度，与互联网有关的基础设施也不完善，"管办评"相互分离的要求与社会有效参与的治理体系还未真正落地，职业教育与新兴产业的对接机制不健全，无法有效推动职业教育的"互联网＋"化。[①] 而且，职业教育虽然不同于一般实体型产业，但也需要从投资体制、管理体制、运行机制等方面释放发展的活力，不仅要加大对开展"互联网＋"职业教育的院校给予资金和政策支持，还要允许它们广泛地吸引社会私人资本的有效介入，真正地探索和实践混合所有制的多元办学体制，促进职业教育在现代信息技术支撑下更有效地与新兴产业融合互动，唯有这样才能真正实现"互联网＋"职业教育的健康发展。

### （二）加强基础设施建设

任何创新活动都离不开完善的基础设施做支撑，职业教育更是如此。在互联网与大数据支撑的创新生态系统中，政府需要提供全方位的公共服务，围绕信息交流、价值交易、社交互动等构建适应"互联网＋"模式的创新基础设施体系，促进职业教育和全产业链的新兴产业的"握手"。一方面，国家和地方政府要积极发挥市场的作用，不仅要加大对教育信息化建设的投入，大力倡导并鼓励职业院校加强互联网技术的基础设施建设，还要为新兴产业、行业企业营造良好的跨界融合和创新发展的环境，引导它们与职业院校开展多元化的深入合作，让职业教育在创新创业人才培养模式下真正打通人才培养的"中间地带"。另一方面，政府要加强超高速移动宽带、移动互联网络等基础设施建设的力度，加强大数据存储、信息传输、综合处理和实时分析的信息化平台建设，为互联网与新兴产业、职业教育的融合打下坚实的物理基础，从而建立有效的数字化资源配置新模式，削弱信息不对称、节约交易成本、优化资源配置、提升运作效率等，实现职业教育与社会经济发展需求的最佳匹配。

### （三）规划未来战略布局

创新创业教育下的职业教育应该采取什么发展战略是一个很重要的问题。我们首先要明确创新创业教育和职业教育既不是对传统职业教育的彻底抛弃，也不是对其的完全颠覆，而是现代职业教育在信息技术支持下沿着"融合——改革——创新"的渐进式路径在互联网时代进行的一次变革和转型升级。对此，我们不妨采取"泛职业教育"战略融合发展模式，以社会经济发展需要为中心，以社会多元化协同合作为支撑，以互联网平台为基础，通过职业教育与互联网的双边耦合，从理念创新、动力演进及结构优化等方面推动，促进职业教育与各传统产业及新兴产业产生"化学反应"，加速互

---

① 官建文、李黎丹：《"互联网＋"：重新构造的力量》，载《现代传播（中国传媒大学学报）》，2015(6)。

联网时代和经济发展新常态下职业教育的发展，切实把握"互联网＋"为我国现代职业教育的转型升级带来的"弯道超车"机遇。为此，我们要把职业教育放在国家经济社会发展的全局，放在教育现代化及治理能力现代化的全局，放在现代教育体系构建的全局，以全面深化改革的勇气，真正以"技术进步、产业升级、创新驱动"为视角来谋划其发展定位和战略布局。

### （四）优化内外治理模式

融合了创新创业教育的职业教育，不仅是职业教育的转型升级，更是现代职业教育迎接互联网时代的挑战，勇于做出变革和创新的一种选择。作为一种带有跨界性质的办学行为，融合了创新创业教育的职业教育，不仅是对外在运作模式的变革或颠覆，而且也是对内部价值逻辑系统的变革或颠覆。众所周知，一个组织即使在思维、战略上进行了跨界融合，如果该组织管理的各方面尚没有得到系统的调整，这种跨界融合的成功率也不会很高。如果职业教育不能形成一个协同互动的组织架构、融合共生的组织体系，就必然不能达到对外部经济社会发展需求动态调适的效果，其创新发展的动力无疑会受到阻碍。所以，一方面，高校的内部组织一定要动态化、柔性化、灵活化、协同化，在提升内部治理能力的同时齐力推动与外部产业发展及社会需求的跨界融合；另一方面，高校要在"合作办学、产教融合"的利益相关者网络体系中融入"开放治理、合作治理、分类治理"等适配互联网时代特色的治理理念和治理形态，通过常态化的治理机制，实现职业教育与新兴产业的融合发展及其与社会环境的互动共生。

### （五）创新专业建设机制

职业教育在产业属性上的发展逻辑起点，绝不是针对某个特定的产业或行业，而是着眼于若干传统产业被"互联网化"后而形成的一批新兴产业族群对职业性人才培养的需求。[①] 职业教育在办学实践中历来强调将"产业链、人才链、价值链"统一起来，服务经济社会的发展及产业发展的需要。如今，面对"互联网＋"的强势推进，更要围绕产业链部署创新链，拥抱新的技术革命，拥抱新兴产业发展，突破关门办学的思想束缚，利用互联网平台，切实推进"产教融合、校企合作"，灵活地打造卓有特色的、新兴的、复合的专业群，充分体现职业教育在国家创新驱动发展战略中的重要位置，并承接相应的战略任务。而且，"互联网＋"并不是把互联网简单地叠加到传统产业上，也不是简单地耦合在职业教育领域，而是将现代信息技术与相关产业及教育教学深度融合，将互联网思维、专业理论素养、互联网技术等融汇在新兴行业的脉络中。这就意味着，专业及其课程体系和教学资源原有的结构和边界将被打破，专业建设的时空格局将发生演化，专业建设的全过程借助互联网平台动态地走进工作场所、融入工作场景是必然的。

互联网对传统行业产生了巨大的冲击，一批新兴的产业正在不断形成，这不仅是

---

① 马化腾等：《互联网＋：国家战略行动路线图》，48页，北京，中信出版社，2015。

未来几年中国经济社会发展所面临的现实现象，也为中国现代职业教育提出了互联网时代下的转型升级问题。通过分析"互联网＋"及"互联网＋"职业教育的内涵，将"互联网＋"职业教育的发展逻辑概括为职业教育与互联网功能耦合的运行过程，是职业教育发展的新范式。而"互联网＋"职业教育的形成是产业网络重构、社会多元协同、资源优化配置、办学模式再造等多元要素共同合力作用的结果，也是职业教育面对互联网的渗透和融合时所做出的"主动适应"和"被动改造"响应的结果。展望未来，只有树立"互联网"思维，切实完善政策制度体系、加强基础设施建设、规划未来战略布局、优化内外治理模式、创新专业建设机制等方面的工作，才能让"互联网＋"职业教育打破旧的樊篱，走向新的发展之路。

# 第五章 "互联网＋"时代创新创业教育环境建设与体系构建

"环境"一词在《现代汉语词典》(第七版)里有两个解释：一是周围的地方；二是周围的情况和条件。从马克思的"一切都取决于它所处的历史环境"的观点来看，任何事情都与它所处的环境相联系，任何事情都与它所处的环境存在着交互作用。[①] "互联网＋"时代的创新创业教育，必然与时代环境发展紧密相连。在"互联网＋"时代的背景下，创业在形式和内容方面发生了翻天覆地的变化。目前，互联网产业领域的创业以及传统产业互联网化方面的创业层出不穷，且与工业经济时代的创业显著不同：①依托信息技术和各类开放平台，小批量、多品种产品的经济效益逐步显现。互联网时代的创业活动的机会挖掘正在向长尾端市场延伸。关注小众市场、追求长尾经济效益成为互联网时代创业的热点。②互联网时代，各种类型的线上网络平台和线下主体不断衍生，创业者得到互联网背景下无限延展的创业网络的广泛支持，在一定程度上破解了创业过程中资金、技术、渠道等关键资源整合的瓶颈，促进了新的团队组建模式的形成。③依托互联网思维以及互联网所建立的渠道，在创业项目开发的过程中，开放创新、用户参与、迭代创新成为被广泛接受的创新思路，有效地降低了创新型创业中的产品需求风险。[②] "微商"是其中的典型代表。在此背景下，大学生创新创业教育环境必然随之改变。

我们所指的大学生创新创业教育环境，包括外部环境和内部环境。外部环境主要是指影响大学生创业活动，并进一步影响高校创业教育发展的各种社会条件的总和，包括政治环境、经济环境和文化环境等创新创业教育外部环境建设；内部环境也就是高校创新创业教育的环境。政府、社会、高校作为推动大学生创业教育的三个重要推手，在推动创业需求和创新创业环境建设上各有不同作用。政府要解决就业问题，必

---

① 韦联桂、凌俊：《加强大学生创业文化建设的思路与措施研究——以广西财经学院为例》，载《全国商情(理论研究)》，2012(18)。

② 陈伟：《西方大学教师专业化》，15 页，北京，北京大学出版社，2008。

然要创造更多的就业岗位。创业可以带动就业，而创业教育是推动大学生创新创业的方式之一。社会和企业家需要创新驱动，要有更多的创业项目、创新精神来推动创造力，衍生更多的财富增长点。大学生创新创业能够在智力支撑和科技支持上贡献不竭资源。高校需要通过创业教育培养大学生的创新能力，把创新创业教育作为培养创新性人才的重要推动力。

本部分在分析创新创业教育环境建设的过程中，从外部环境和内部环境两方面着手。其中，外部环境建设主要是从创新创业教育的政策环境、经济环境和文化环境三部分来阐述；内部环境建设主要聚焦于创业精神的培养、创业能力的提升、创业实践推进的高校内部资源整合利用上，也就是高校创新创业教育体系的构建。

# 第一节 创新创业教育外部环境建设

## 一、创新创业教育的政策环境

大学生创新创业教育的持续规范发展，有赖于相关法律的建立健全、政策的连贯持续和创业教育组织机构作用的发挥。在美国，设在大学内的中小企业发展中心(SB-DC)的主要职责是为准备创业的个人提供咨询及各项创业服务。美国的中小企业管理局(SBA)主要负责为准备创业和在创业中的小企业提供低收费甚至免费的技术支援。日本通过《大学技术转移促进法》，有力地推动了日本高校创业教育的开展。法国专门成立了创业计划培训中心(CE-PAC)，以推进大学生创业。在英国，全面负责创业教育的主要是由政府拨款建立的英国科学创业中心(UK-SEC)和全国大学生创业委员会(NCGE)。[①] 就我国而言，《国家中长期人才发展规划纲要(2010—2020年)》和《国家中长期教育改革和发展规划纲要(2010—2020年)》明确提出，要把创业教育作为今后十年提高人才培养质量的重要举措。《国民经济和社会发展第十三个五年规划纲要(2016—2020年)》(以下简称"十三五"规划)明确提出，深入推进大众创业、万众创新，建设创新创业公共服务平台，完善创业培育服务，打造创业服务与创业投资结合、线上与线下结合的开放式服务载体，全面推进众创、众包、众扶、众筹，依托互联网拓宽市场资源、社会需求与创业创新对接的通道。2015年，国务院办公厅下发的《关于深化高等学校创新创业教育改革的实施意见》(国办发〔2015〕36号)要求，2015年起全面深化高校创新创业教育改革。由此可见，我国开展创新创业教育有坚实的政治基础，不仅在国家战略层面得到了认可，而且可持续性也在不断增强。在对"互联网+"背景下的创业

---

① Freidson E，*Professionalism Reborn：Theory，Prophecy and Policy*，Cambridge，Polity Press，1994，p. 16.

教育所处的政策环境进行分析时，要以政策的战略性、政策的系统性和政策的联动性等方面作为重要参考。

## （一）政策的战略性

创业教育政策环境的战略性主要指在地区宏观政策、战略发展纲要中，对创业教育的作用的定位，也就是创业教育对地区战略发展的推动作用的强弱，也可以理解为创业教育与地区发展战略的结合是否紧密以及是否体现地区的特色和特点。

如上海市将创业教育看作激发经济活力、培育创新精神和创业意识的重要手段。围绕创新驱动、转型发展，上海把创业教育与地区发展战略紧密结合，使城市转型发展真正建立在人力资源优势充分发挥、创新创业活力竞相迸发的基础上。上海大力支持和鼓励创业，开展创业培训和实训，完善创业融资、税收、场地等扶持政策，积极发展各类创业园区。"十二五"期间，上海实施创业人才支持计划，鼓励和支持大学生创业，壮大创业导师、创业辅导员团队，大力宣传创业人才，形成支持创业的良好社会舆论氛围。上海的重要战略目标就是把上海建设成为世界创新创业最活跃的地区之一，把上海打造成为最具创造活力、最富创新精神、有最优创业环境的城市之一。上海还将从教育和科技两方面着手，通过健全职业生涯指导和服务体系，提升大学生的就业和创业能力；重视对大学生创新创业意识的培养，释放大学生的创业潜能。从上海各类规划纲要的几种表述中不难发现，创业教育与上海的战略发展紧密结合，上海创业教育的政策环境具有高度的战略性。

如浙江省将创业教育作为促进经济转型升级和培养下一代浙商的重要举措。浙江省提出紧紧围绕创业富民、创新强省的总体战略，推动全民创业和全面创新，大力弘扬浙江人民善于创业、勇于创新的精神品格和文化传统，努力在全社会形成鼓励创新创业、宽容失败的社会氛围。浙江省着眼于支持、鼓励更多的人才创业，提高创业的层次和水平，完善创业机制，加强创业培训，优化创业环境，努力造就一支引领和带动创业人才创业的高层次创业人才队伍。浙江省明确提出要重点培养造就大批敢于创业、善于创新的青年创业人才，实施引导和鼓励大学生到基层创业、就业的政策。[1]

## （二）政策的系统性

创业教育政策环境的系统性主要是指省市一级出台的系列相关政策所形成的政策体系的完备情况。创业教育涉及多方利益的统筹协调，地方政府如果能够充分考虑各配套整体间的协同和互补，那么就会对高校创业教育的发展形成政策合力。反之则是政出多门，或存在政策盲点和冲突。[2]

我国创新创业氛围浓厚的上海市，其政策环境系统性较强，在教育改革和发展规

---

[1] 刘宝存：《大学理念的传统与变革》，219~243页，北京，教育科学出版社，2002。
[2] 赵康：《专业、专业属性及判断成熟专业的六条标准——一个社会学角度的分析》，载《社会学研究》，2000(5)。

划纲要、人才发展纲要、科技发展纲要中都体现了对创业和创业教育的高度重视。在具体推进创业工作的指导意见上,上海市也都做了较为系统的思考。如《上海市人民政府关于进一步做好新形势下本市就业创业工作的意见》(沪府发〔2015〕36号)要求,全力推进创业带动就业,在健全鼓励创业带动就业工作机制、改善创新创业生态环境、培育创新创业公共平台等方面做好工作,主动抓住新技术革命和产业变革的重要机遇,适应创新创业主体大众化的趋势,形成市场化、专业化、集成化、网络化的众创空间,积极构建更加开放的公共创业服务平台,加强对社会创业服务业的培育,形成市场主导、风投参与、企业孵化的创业生态系统。上海市委、市政府办公厅印发的《关于深化人才工作体制机制改革 促进人才创新创业的实施意见》(沪委办发〔2015〕32号),更是在创造良好的创新创业环境、构建创新型人才培养模式、大力发展众创空间、完善创新创业法治保障等政策方面做了明确规定。它要求形成主体多元、形式多样、内容丰富的创新创业生态,建设具有国际影响力的创新型大学,在高校大力开展创业教育,鼓励学生在校创业,实施青年大学生创业引领计划,积极落实创业贷款担保、大学生科技创业基金、创业培训见习、税费减免、初创期创业补贴等鼓励创业的政策措施,加快构建众创空间,落实依法维护创新创业人员的合法权益,营造创新创业的社会氛围。

浙江省在总结前一阶段经验的基础上,2016年相继出台了创业教育的系统性意见,如《浙江省人民政府办公厅关于推进高等学校创新创业教育的实施意见》《浙江省教育厅关于积极推进高校建设创业学院的意见》《浙江省教育厅办公室关于实施高校创业导师培育工程的通知》。诸如《浙江省人民政府办公厅关于推进高等学校创新创业教育的实施意见》,以培育学生的创新精神、创业意识和创新创业能力为重点,积极推进创新创业意识和价值教育、能力与素质教育、实习与实训教育、实战与孵化教育,构建全链条式创新创业人才培养体系,积极构建创新创业生态圈,开创具有浙江特色的高校创新创业教育新局面。在创新创业政策落实的考核上,浙江省重点强调要把创新创业教育质量作为衡量办学水平、考核领导班子的重要指标,纳入高校教育教学评估指标体系、学科评估指标体系和教学业绩考核指标体系,并把创新创业教育的相关情况作为本科、高职高专、研究生教学质量年度报告和毕业生就业质量年度报告的重点内容,接受社会监督。《浙江省教育厅关于积极推进高校建设创业学院的意见》,则把建设创业学院作为推进高校创新创业教育改革的突破口,把解决高校创新创业教育存在的突出问题作为开展创业学院建设的着力点,以创业学院为平台,集聚校内外创新创业教育要素与资源,汇聚各级政府、行业企业、社会各界力量,形成全社会关心支持创新创业教育和大学生自主创业的良好生态环境,并要求在2016年3月底前,全省普通高校(含独立学院)除公安类等特殊类型高校外,普遍建立创业学院;到2017年,全省建设30所左右的示范性创业学院。《浙江省教育厅办公室关于实施高校创业导师培育工程的通知》要求,通过开展创业导师选聘、师资培训、人才库建设、创业导师工作室创建和导师团队建设、创业导师和大学生培训结对等活动，培育一支数量充足、质量较高的创业导师队伍，建立创业导师选聘培养、专业发展和能力提升、锻炼培育成长的长效机制，推动大学生创新创业教育的深入开展；到2020年，全省培育高校创业导师5 000名，创建一批创业导师工作室和导师团队，结对培育大学生创业者2万名。

### （三）政策的联动性

创业教育政策环境的联动性主要是指各方力量在推动高校创业教育方面与高校进行属地联动的情况。省级层面制定的一系列政策和措施要落地，除了各条线上的力量进行推进外，地市一级政府如何与高校进行属地联动，将资源整合在一起，并出台相应的一些符合地市实际的政策措施，这对推进高校创业教育的发展具有非常重要的作用。地市在进行发展规划时，也要考虑充分利用地区内的科教资源，借助属地高校的力量为地市发展服务，同时也给予高校相应的支持，形成充分的联动发展。

以杭州市为例，杭州市围绕浙江省委省政府提出的创新强省、创业富民的总体战略，以创造充分就业城市和国家级创业型城市为要求，以人才强市战略引领杭州。在杭州市的"十二五"规划纲要中，创业一词出现50多次，足见杭州对创业工作的重视。杭州作为浙江省的省会城市，当地政府与属地高校的联动体现出三个特点：一是领导重视，机制健全。杭州市组成高校毕业生就业创业工作协调小组，定期召开大学生创业工作例会和专题研究。杭州市人力资源和社会保障局牵头成立大学生创业办公室，具体负责大学生创业工作过程中的协调工作，并大力发挥民间团体和中介组织的作用，为大学生创业提供帮助和服务。二是政策完善，扶持到位。杭州市先后出台了《关于深化大学生创业导师制工作的意见》《杭州市高校毕业生和留学回国人员创业三年行动计划》《关于杭州市大学生创业园建设和管理的若干意见》《关于鼓励和扶持大学生在杭自主创业的若干意见》等。一系列政策文件和举措，基本形成了较为系统、完善的大学生创业政策扶持体系，极大地激发了大学生创业的热情。三是举措创新，服务深化。杭州市在全市所有高校都建立了就业创业指导站，聘请企业家和创投、风投专家等担任大学生创业导师，通过完善大学生创业导师与大学生结对的"师友计划"等，建立了超过500人的创业导师队伍，帮助大学生创业少走弯路、提高成功率。杭州市还在全市大力投入建设了10家市级大学生创业园，吸引大学生创业企业入园创业。与周边其他地市的政策和措施不同，杭州市更倾向于营造有利于大学生创业实践、亲身体验创业的环境，让学生通过高校创业教育之后，能够有尽可能大的空间和舞台来实践创业，以实战来检验和促进高校创业教育。

虽然不少地市在政策环境方面有优势，但是在推进属地高校创业教育方面，存在着对丰富的政策资源整合不强、利用率不高的问题。整合性不强的主要表现是，各职能部门推进创业教育的力度较强，但各部门之间以及各条线之间很少有交叉互通，对彼此的政策措施不熟悉，为创业者提供的服务往往局限于自身政策范围之内。从政府行政管理的角度来看，这符合职权明晰的原则。但从服务型政府的角度来说，这又似乎存在政府服务缺位的问题。很多地市一级的扶持力量强大，但到县区则缺乏将这些资源整合、集中利用的机制和部门，而县区级恰恰是创业教育和创业实践落地的层面。[①]

从创业教育政策开展实施的战略性、系统性、联动性可以看出，创业教育政策外部环境在当前形势下非常有利，国家、省市到属地高校都高度重视创新创业的落地。但是，各项政策目前在体系化方面还有些差距，有些政策实际落实与操作存在一定困难。我国目前专门服务于大学生创业的部门也只有个别地方实现了。在制订具体的操作方案和实施细节方面，我国可以进一步提高其可操作性，优化行政审批制度，优化政务环境，提供方便、快捷、优质的服务。同时，我国要大力培育专门性的市场中介服务机构，为大学生创业提供完备的服务，如开展信息咨询和业务指导等。我国应鼓励更多地方政府根据本地实际出台大学生自主创业的相关实施细则，加强知识产权的保护力度，提高机会型创业的比重等。创业教育的外部政策环境有待进一步建设。

## 二、创新创业教育的经济环境

大学生创业是否有相应的创业启动资金，成为大学生是否选择创业及创业能否成功的重要因素。当前大学生创业启动资金获得的渠道一般有自有资金、风投资金、金融机构信贷等。其中，自有资金是大学生创业资金的首要来源。然而，自有资金由于受到自身经济条件的限制，很难制度化、常态化，也不具有普遍性。因而，大学生创业的可行性及创新创业教育发展的经济条件，在很大程度上取决于社会风投资金及政府资金对创业者的支持，以及在资金的力度、制度化水平及创业基金等方面的发展状况。从长远来看，只有社会经济环境处于经济结构转型期，以高科技、信息经济、互联网金融等为主导，创新能力强的企业成为国民经济的支撑力量时，高校创新创业教育才能够改变其功利性色彩和企业家速成式教育的短期化行为特征，并促成理性的教育教学与科研体系的完善，使高校创新创业教育不断成熟。

从我国目前社会的经济环境来看，创业教育外部经济环境存在如下问题：一是社会保障制度不够健全。改革开放以来，我国的社会保障制度不断完善，社会保障投入不断增加，但我国社会保障支出占财政支出的比重多年在 11% 左右，不仅低于发达国家 30%～50% 的比重，甚至低于印度等发展中国家。同时，我国社会保障覆盖率低，不同地区、不同行业的社会保障内容相差悬殊，而大学生创业者自身基本无法享受社会保障。二是创业资金缺乏。从某种意义上来说，创业本身就是金融活动的过程，而创业资金缺乏几乎成了我国创业者面临的最实质和紧迫的问题。我国大多数创业者的

---

① 王左丹、侯永雄：《大学生创业教育认识的不足及其路径研究》，载《华南师范大学学报（社会科学版）》，2014(8)。

创业资金来自家人或朋友，从正规投资渠道获得的投资占比极少，其中能够利用风险投资的占比就更少了。[1]

在当前外部经济环境下，笔者建议引导政府加大资金投入和社会资金支持。一是加大创业资金的支持力度。政府可以通过设立大学生创业基金、引导资金和专项小额信贷等资助大学生的创业项目，为大学生创业活动提供启动资金。同时，政府对支持大学生创业的企业给予一定的优惠，从多方面实现对大学生创业的支持。例如，上海市政府从创业培训指导、资金支持、税费减免等方面制定了大学生创业的多项优惠政策。这对增强大学生创业的勇气和信心，提高大学生创业的成功率都产生了重要的促进作用。二是社会加大对创业资金的投入。社会是大学生开展创业活动的真正舞台，一个良好的创业经济环境对创业者来说至关重要。伯顿克拉克教授在《建立创业型大学：组织上转型的途径》一书中强调，大学生创业启动资金的来源主要有三个渠道：政府的拨付、政府研究委员会的资助和除以上两者外的其他收入，如私人机构的捐助、校友的捐款、学生缴纳的学费和独有专利的发明和知识产权等。其中，第三个资金渠道就是社会上的资金支持。[2]

### 三、创新创业教育的文化环境

文化环境对创业教育的影响主要体现在民间创业文化的区域差异和社会舆论对大学生创业的认同程度。

#### （一）地域差异导致对创业教育的认知差异

中国创业活动的活跃程度在区域之间存在明显的差异，并表现出东高西低的态势。区域创业活动最活跃的东部地区是中国经济增长最快的区域，而创业活动不活跃的西部地区则是经济增长较慢的区域。[3] 创业活动的活跃程度在区域之间的差异性，在"互联网＋"的时代背景下也反映了出来，并且呈现一定的规律性。

在地域观念因素中，支持创业还是不支持创业，不同地区人们受不同外部环境影响，对创业的观念和态度也不一样。如在东部地区特别是江浙沪地区，人们的创业意识较强，创业氛围浓厚。不同地区的创业者在创业冒险精神、机会识别能力、自雇性与创业行为上有很大的区别。我国的浙江地区，浙商是全国比例最高、人数最多、分布最广的创业者。特别是杭州的阿里巴巴集团在美国上市，带动了周边区域的大学生从事网络创业，客观上也促进了大学生互联网创业的氛围。杭州市政府也支持创新创业，采取一系列措施，客观上促进了杭州创新创业文化氛围的形成。

---

① 陈奎庆、毛伟、袁志华：《创业教育与专业教育融合的模式及实现路径》，载《中国高等教育》，2014(22)。

② 董雪：《"互联网＋"视阈下创新创业教育路径探究》，载《现代经济信息》，2015(17)。

③ 马明山、乔丹丹、汪向征：《公众视野中的可汗学院课程评价及其启示》，载《中国电化教育》，2014(1)。

在地域消费因素中,消费习惯导致互联网创业行业的不同。寻找"蓝海"是创业良好的开端,但并非所有的互联网创业领域都是"蓝海"。有些地区互联网消费还不普及,特别是在互联网基础设施不够健全的情况下,网络消费就更加困难。2014年、2015年连续两届在浙江乌镇召开的世界互联网大会,是东部地区实现网络全覆盖的里程碑。这意味着东部地区的网络发展将给千家万户带来更多的便捷。互联网的便捷必然促使人们互联网消费习惯的持续,这给培养"互联网+"大学生创业提供了无限的想象空间的创业"蓝海"。

在物联网建设程度方面,大学生"互联网+"创业活动,必然依赖货物生产商和物流运营商。货物能否及时送达消费者手中,直接影响大学生互联网创业者的营业收入和商家信用。在此情境之下,物联网建设就显得尤为重要。我国东部江浙沪地区物流网络相对中西部地区较为发达,"江浙沪包邮"已经成为网上卖家最直白的优惠。物联网的便捷,直接影响东部地区大学生创业者趋向从事互联网创业。而在中西部地区,物流发展较为缓慢,配送未能及时实现,因此在这些地区从事互联网创业的大学生数量就会相应较少,而更愿意从事实体创业。

### (二)社会舆论对大学生创业的认同度

在创新创业教育的外部环境中,社会文化环境的影响无处不在且影响深远,主要包括社会舆论导向、社会风尚、传统思想等。我国传统思想中"学而优则仕"等观念仍在很大程度上主导着社会思想,尤其对中年人的影响根深蒂固,成为大学创业教育健康发展的障碍之一。从部分不支持大学生创业的社会调研来看,人们最关心的是市场风险和项目的可行性。这两者可以归纳为创业的不确定性。其次他们顾虑的是资金储备的不足,也有相当数量的民众认为大学生应当先就业再择业。

因此,创新创业教育要健康发展,需要崇尚创新与创造、开拓与竞争的社会舆论导向和文化氛围;需要重视体验与参与的基础教育,完善创新创业教育的社会文化环境;需要支持创业与创新、理解风险、宽容失败,对创业给予正确评价。完善大学生创业的外部环境,社会、政府、学校和家庭要形成"四位一体"的联动机制,提升大学生的创业意愿,培育浓厚的创业氛围,改善大学生的创业条件。政府应借助社会媒体加强创业宣传,逐步创建包容和激励人们自主创业的舆论氛围和社会主体价值判断,宣传激励大学生创业的政策和创业者典范,改变公众对创业的认识,激发大学生创业的热情。社会上一批创新、创业能力强的大企业、大集团,一批成长较好的中小企业、民营企业,可以将企业课题委托给高校,让高校学生、教师了解目前企业创业过程中最需要、最前沿的成果,这有利于学生获得知识。[①] 学校环境是大学生生活、学习的主要场所。学校通过创业活动宣传、讲座等方式营造一种鼓励创业、容忍创业失败的氛

---

① 王东明、刘姬冰:《大学生创新创业教育存在的问题与对策研究》,载《河北软件职业技术学院学报》,2014(4)。

围，能促进大学生创新思维的健康发展。大学生创业环境中最值得关注的影响因素来自家庭，改变传统的择业观，鼓励大学生以创业解决就业，促使大学生参加更多的创业活动需要家庭的支持。基于此，社会、政府、学校和家庭应积极完善机制，为大学生创业提供良好的创业条件，提升大学生对创业行为的主观期望及遵从该期望动机的规范信念，从而使大学生产生较强的创业意愿并投身创业活动。

## 第二节　高校创新创业教育体系的构建

从 2002 年教育部确定中国人民大学、清华大学、北京航空航天大学、黑龙江大学、上海交通大学、南京财经大学、武汉大学、西安交通大学、西北工业大学 9 所创业教育试点院校开始，我国一直在不断探索创业教育体系及发展模式。十几年来，国家在创新创业教育体系建设中，出台政策、给予经费支持，引导试点高校积极探索我国大学生创新创业教育的基本方法和发展路径，总结发展模式。2015 年，国务院办公厅下发了《关于深化高等学校创新创业教育改革的实施意见》(国办发〔2015〕36 号)，要求 2015 年起全面深化高校创新创业教育改革，到 2020 年建立健全课堂教学、自主学习、结合实践、指导帮扶、文化引领融为一体的高校创新创业教育体系，使人才培养质量显著提升，学生的创新精神、创业意识和创新创业能力明显增强，投身创业实践的学生显著增加。在这一发展过程中，不仅仅上述 9 所高校在发展，其他高校也纷纷加入探索中，总结经验、办出特色，其中，北京航空航天大学、温州大学、中南大学等创业教育发展模式引人注目。

### 一、现阶段国内创新创业教育的几种发展模式

#### (一)"实践型"模式

此模式以北京航空航天大学(以下简称北航)为典型代表。北航创业教育的特点主要体现在以下几个方面。

一是加强对学生创业意识的培养。自 2001 年起，北航开设了公共选修课"科技创业"。至 2007 年，北航已经在全校开设了创业概论、科技创业、创造学、创业管理、KAB 大学生创业基础等选修课程。学生可以根据自己的兴趣选择不同的课程。同时，北航还通过开设讲座来丰富创业家参与的课程形式。"科技创业"这门课程是全校本科生的公选课，也是北航开设最早的创业类课程。这门课程偏重实际运用，注重培养学生的创业意识和创业兴趣，其授课的教师都是来自北航产业集团的管理者，具有丰富的实践经验。在课程结束后，学生需提交创业计划书，如果项目切实可行，将会得到 3 万元的创业基金，以鼓励学生积极进行创业。在讲座方面，北航创业管理培训学院开设了创业新讲堂，主要邀请企业家及北航的创业校友来给学生做讲座，通过企业家的

实践经历丰富学生的创业经验，给学生更为直观的体验，也能让学生近距离接触创业。

二是社会创业导师弥补学校创业师资缺口。创业教育的师资是创业教育发展的瓶颈。创业教育的师资少是因为对创业教育教师的要求很高。一方面，教师需要有丰厚的理论基础；另一方面，教师要有相关的实践经验，而传统的大学老师是很难做到的。在北航，创业教育的师资主要来自创业管理学院的兼职教师、学校就业中心的教师以及校办企业的几位企业家。相比学生的需求量，北航的师资规模存在很大的缺口。因此，从 2003 年起，北航就要求数十位社会上有名的企业家来北航做创业导师，其中 7 位还是北航的毕业生。这些导师都具有一定的创业经验，能够为学生提供创业实践上的指导。同时，北航还经常作为创业教育师资培训的基地，如 KAB 创业教育师资培训、创业教育骨干教师高级研修班等，创业教育的专家会经常光顾开展学术讲座等，学校也抓住机会以此作为师资补充的一种方式。

三是科技成果转化——北航科技园。北航科技园自建立以来，已经在各方面取得了突出的成绩。园区主要分五个专业孵化器和一个学生创业园、一个留学人员创业园，其宗旨是通过支持和促进校内科技成果产业化，培养创新人才，使北航成为孵化高新技术企业和培养高新技术创业企业家的基地。目前，园区已经吸引了国内外的高科技企业入驻，包括金山软件公司、用友软件公司、中星微电子公司、福建富士通公司、中德软件联合技术研究所和日本 NEC 等。为了提高创业者的整体素质，保证创业者的知识与时俱进，同时进一步加强创业者的实践能力，使大学文化与企业文化相结合，北航科技园于 2001 年成立了北航创业管理培训学院。培训学院主要开展三方面的培训：创业与管理创新方面的培训、高新技术技能的培训以及科技园的内部培训。这些培训不仅能使创业者及时更新知识，其内部培训还针对园区的工作人员，使创业者能够享受到更加完善的服务。除此之外，北航科技园还为入驻企业提供了一系列的服务，包括人事代理、人事培训、财务咨询、法律服务、融资服务和支撑平台等。针对各类高科技、软件和留学生创业企业，北航科技园也有相应的平台，能及时更新和发布国家的优惠政策。2009 年，北航推出了创业教育的新模式——北航科技园实习、实践、创业和就业综合基地。这个新型基地对所有大学生开放，是企业与学生之间的人才交流平台。[①]

### （二）"创业实践＋创业学院"模式

温州大学区别于 9 所创业教育试点高校，走出了一条开展创业教育的特色之路。它在实现地方高校教育理念的转变与人才培养模式创新的同时，构建创业教育实践平台，成功突破我国大学生创业失败率高的瓶颈。

一是坚持创业教育与专业教育相结合，突破创业瓶颈。温州大学根据不同的课程内容和要求，采用三种方式将创业意识、创业精神和创业能力等内容融入其中。在秉

---

① 邓淇中、周志强：《大学生创新创业教育体系的问题与对策》，载《创新与创业教育》，2014(1)。

承温州精神的基础上，温州大学将温州模式融入创业教育发展之中，将创新创业透明化，纠正创新创业等于高新技术的观念误区。相较于其他高校建立在高科技、技术发明与创造基础上的学生创业教育，温州大学开展的创业教育侧重于鼓励学生发挥专业优势，倡导学生学以致用，使创业与专业学习紧密结合。温州大学还建立了专业创业工作室，搭建创业平台。这是一种"低成本、低风险、高成功率"的草根创业模式。近些年来，温州大学也围绕地方支柱产业和科技开发推动实践教学改革，强化产学研深度合作，对接地方需求，打造近百个学生素质拓展实践基地，营造积极向上、健康有序的文化氛围。这种结合专业的创业教育能够使学生学有所用，激发学生的创业激情，培养学生的创业能力和创业意识。

二是构建三级联动的创业教育实践平台，成就学生的创业梦想。《光明日报》专门报道了温州大学构建的三级联动创业教育平台。根植于以自主创业为核心的温州经济模式，温州大学构建了学生创业工作室、学院创业中心和学校创业园三级联动的创业实践平台。学生创业工作室，即学生自己自愿组合、自发组建团队，根据自己的专业成立专业创业工作室；学院创业中心，即学院为学生的创业工作室服务，为学生在创业过程中提供咨询和指导；学校创业园，即对有突出成绩的创业工作室提供进一步进入学校创业园区孵化的机会，使其更好地发展。温州大学三级联动的创业教育平台，为许多学生的创业实践活动提供了很多的支持和帮助，使创业学生一步一步地走向自己的梦想。三级联动的创业教育平台给大学生营造了很好的创业环境，形成了独特的创业氛围，并不断鼓励大学生在创业的道路上努力拼搏奋斗。①

三是成立创业人才培养学院。温州大学成立的创业学院，主要通过创业教育公选课和创业管理双专业人才培养来进行。一方面，温州大学的创业教育公共课做得很好；另一方面，通过改革专业课程如网络工程、机械工程等，温州大学实行"专业＋创业"的专业课程改革，加入创业元素。在创业实践方面，温州大学通过大学生创业园等进行实战平台建设。同时，温州大学还做了创业教育的相关研究，出了一些创业教育的成果和课题。②

### （三）"创业教育＋训练＋研究"模式

"创业教育＋创业训练"是当前全国高校主要采取的创业教育发展模式。如中山大学、上海交通大学、华南师范大学、暨南大学等，它们采取的方式多为依托某一个实体学院，或商学院，或管理学院，挑选出有创业兴趣的学生，进行创业实训或创业培训，然后辅以创业类、管理学类和财经类课程，营造创业教育氛围。

也有创业教育研究推广做得比较好的，这类高校在创业教育方面，利用自身学科和教师资源的优势，做创业教育的相关研究，借助学科走创业教育学科专业化道路。

---

① 李家华、卢旭东：《把创新创业教育融入高校人才培养体系》，载《中国高等教育》，2010(12)。
② 彭文博等：《创新创业教育课程体系建设的探索与实践》，载《创新与创业教育》，2010(4)。

其中，中国青年政治学院，着眼于 KAB 创业教育的实践及研究。中国青年政治学院并没有成立独立的创业学院，但是其创业教育的研究做得比较好，主要是依托经济系做 KAB 创业教育推广及创业教育研究。中国青年政治学院的李家华教授、刘帆教授和王艳茹教授，在创业教育研究方面，颇有自己的见解，并有相关专著出版。中国青年政治学院的创业教育走的是"研究＋教育推广"的路线，联合团中央和国际劳工组织在全国各地积极建立 KAB 创业教育实践基地。[①]

而中南大学，则是通过行业机制领导以及研究的领导地位的确立，来引领创业教育和创业指导之路。中南大学的创业教育和实践、行动过程分三个方面：一是成立教育部高等学校创业教育指导委员会，中南大学党委书记高文兵任教育指导委员会主任。教育部专门成立了 2010—2015 年教育部高等学校创业教育指导委员会，重点开展高校创新创业教育的研究、咨询、指导和服务；同时成立了中国高等教育学会创新创业教育分会，中南大学党委书记高文兵担任第一届会长，秘书处设在中南大学。二是创建了创业教育网站——中国大学生创业网，[②] 通过网络平台开展创业教育及宣传。三是创立了《创新与创业教育》专刊。《创新与创业教育》由原来的《湖南医科大学学报（社会科学版）》更名而来。专刊由中南大学主办，中国高等教育学会创新与创业教育分会协办，中国高等教育学会创新与创业教育分会理事长高文兵教授任编委会主任，中南大学党委副书记徐建军教授任主编。刊物主要面向高校师生刊登创新创业教育实践和理论研究的成果。[③]

从上述创新创业教育的发展模式中我们发现，各高校在以下几个方面做了不懈努力。

第一，创业教育的通识教育。通过创业教育公共课的普及，更多的学生了解了什么是创业、自己是否适合创业。创业教育并不是鼓励所有学生都去创业，而是让他们更清晰地认识自我、认识创业，培养学生的创新、创造意识。通过创业教育，高校可发现对创业有浓厚兴趣的学生，并采取小班化教学或其他助推方式，培养创新型人才。

第二，创业培训。创业培训可以提升大学生的创业精神和创业素养，有利于促进大学生就业。很多高校愿意从事创业培训，主要在于创业培训在促进大学生创业意识觉醒方面起到了积极作用。经过创业培训，大学生能撰写创业计划书、了解企业的流程，这也是对学生的一种锻炼。因此，我国在政策上大力支持创业培训积极开展。

第三，创业氛围的营造。创业氛围的营造对传播创业教育的正向能量的作用不言而喻。高校把创业计划大赛、创新创业训练计划和创业项目立项等，作为创业氛围营

① 刘伟：《高校创新创业教育人才培养体系构建的思考》，载《教育科学》，2011(5)。

② 王苹、刘乔斐：《高等学校一种新的教育理念——〈中国大学创新创业教育发展报告〉述评》，载《中国高教研究》，2009(9)。

③ 葛宝山、王侃：《个人特质与个人网络对创业意向的影响——基于网店创业者的调查》，载《管理学报》，2010(12)。

造的重要抓手。大赛、立项等能真正让学生在实践中学习、了解创业过程，学生还有机会和风险投资、天使融资等有直接对接的机会，从而接触更真实的创业环境。创业沙龙和企业家面对面活动把校园创业氛围不断推向高潮。

第四，创业实践平台的打造。创业孵化园是大学生创业成功的助推器。学生在经历了创业教育和创业大赛之后，其项目是否能够成为创业项目，必然需要去转化。创业园建设的好坏直接关系到学生项目孵化的成败。创业园的创业实践活动是高校创业教育和实践中最重要的环节。没有创业实践的场地这个平台，创业教育与创业氛围的形成就成了一句空话。很多高校也在创业园区打造上下足功夫，找场地、拉资金，把创业园区作为创业教育落地的重要实现平台。

第五，创业教育研究。一个成熟的创业教育体系，离不开专业理论的支撑，离不开创业的实践。创业教育者需要在创业教育研究方面下大力气，总结实践经验、丰富创业理论，从而使创业教育朝着学科化和专业化的方向发展。部分高校已经在做尝试。

## 二、如何构建"互联网+"创新创业教育体系

高校要探索出在"互联网+"的时代背景下的创业教育新思路、新途径，就要另辟蹊径，高校要学会恰当地利用本区域经济发展的特点进行创业教育，塑造学生服务区域经济、努力创业、奋发有为的创业思想。[①] 高校要立足区域经济的特点，分析高校学生在互联网经济时代创业的特征，发挥区域经济和文化区位优势，积极配合区域规划对人才的需求，确定适合地方特色的创业教育目标，进行本土化的创新创业教育及实践。"互联网+"背景下的创新创业教育工作要作为一个大工程来做，就要充分利用"互联网+"的便捷，利用互联网时代的思维方式和技术手段做好创新创业教育，全方位做好体系架构，在人才培养体系、创业教育体系、创业训练体系、创业实践体系、保障管理体系和平台搭建体系上做足功夫。

### （一）人才培养体系改革

高校创新创业教育的长足发展，要朝着深化教学改革、探索创新创业人才培养的方向大踏步地前进。高校要紧盯社会及区域经济发展的方向，及时修订创新创业人才培养方案，积极构建创新创业教育课程体系，建立具有行业特征、高校特色、专业特点和区域特质，能够体现创新创业教育要求的培养方案。人才培养体系改革要重点强化服务区域的教育理念，改革创新创业人才的培养模式。

首先，优化人才培养方案。高校要重点推进与互联网产业发展紧密结合的人才培养模式的改革，与社会需求相对接、与区域经济转型升级和创新驱动战略相衔接；将"大众创业、万众创新"的具体要求纳入人才培养方案，将创新精神、创新能力培养作为专业人才培养的规范和标准；要探索创新创业协同机制，以专业为依托，推进试点

---

① 彭文博等：《创新创业教育课程体系建设的探索与实践》，载《创新与创业教育》，2010(4)。

学院、试点专业协同发展，引入企业实践型师资承担专业核心课程的教学任务，着力培养应用型人才。

其次，实现特色专业课程的改革。例如，《长三角区域规划》要求把杭州建设成为高技术产业基地和国际重要的旅游休闲中心、全国文化创意中心、电子商务中心、区域性金融服务中心。区域内高校可结合这些要求，重点开展相关专业的创业人才培养的创新。与上述相关的专业，如旅游管理类、文化创意类和电子商务类等专业，在课程设计方面可以把专业知识及能力的运用放在创业平台和市场经济运行的轨道上来，专业理论知识与实践教学相结合，从而提高大学生创业的选择和决策能力。高校在教学设计上要充分考虑教学的有效性，把重点放在互联网领域成功创业的案例分析上，特别是区域规划内的相关案例，使在校大学生在学习中，一方面受到成功创业人士的激励，另一方面掌握成功创业的基本知识、基本技能和基本程序，选择正确的创业方向。在此基础上，高校要鼓励优秀创新创业人才结合区域经济特色，积极参加校内创业实践，实现专业教育从理论学习到实践转化的特色创业教育。

最后，优化教学环节。高校课程教学环节应适应经济社会发展的需求，增设全校共享的大数据、电子商务、计算机、软件和网站建设等互联网相关课程，丰富传统专业课程中的互联网相关案例。高校在教学环节中要体现创新创业的内容，培养学生开拓事业的意识和精神。除了开展专门的创业教育课程外，高校还应加强在专业教育和第二课堂中融入创业意识和创业能力的培养，让学生在潜移默化中迸发出创业灵感和创业思路。同时，结合创新创业的课程内容，高校还应采取灵活多样的配套教学，激发创业学生的学习主动性，促进其个性化发展。除正常的职业规划类课程外，高校要充分考虑学生对创新创业教学内容的求知需求，建立满足不同层次、不同群体学生对创新创业教学内容的需求，提高其创新创业的专业理论认识水平，培养学生的开拓精神和创业能力。

### （二）面向师生推进创业教育培训

第一，开展分层阶梯式的创业教育。高校可以面向大一新生开设"职业生涯规划"课程，将创新创业教育融入其中，引导有创业想法的学生在大学期间合理规划，为毕业后创业提前做准备，并安排创业导师对其四年的学习进行跟踪引导；面向大二学生开设创业基础课程，培养学生的创新创业意识和创业精神；面向大三有创业想法和创业思路的学生开设创业实训课程，教会学生全面的创业技能。在专业教育平台上，高校对不同专业学生的创新创业教育要有所侧重。高校可开展与专业教育相结合的创业教育，根据专业不同开设不同的创业类课程，同时为每个专业班级配备创业班导师，以提高学生的创新创业能力。

第二，开展区域特色创业培训课程。如在开设 KAB、SYB 和"8+X"全球模拟公司等创业培训课程时，高校同样可以针对区域经济的特点进行创业培训课程的自定义。如在进行"头脑风暴"时，教师建议学生朝着自定义的行业领域进行思考；在拟定商业计划书时，教师建议其在自定义的范围内进行，积极有效地引导学生；在课程模拟时，教师可以增加旅游休闲和电子商务等行业的创业实务课程。

第三，加强创业教育专职教师队伍建设。只有自身具备理论与实践经验的教师，才能更好地为学生讲授创业教育实践课程，培养出创业能力强的学生。因此，对于创业教育而言，高校创业教育教师不但要精通理论知识，还要拥有丰富的实践经验和较强的实践能力。这样才能真正做到以理论指导实际、用经验促进教学。培养服务于区域经济的创业人才，决定了高校教师必须深入了解区域经济发展的特征，重视实践训练，向学生传授有效的知识和技能，保证创业人才的培养质量。高校可以通过选派创业教育教师参加创业教育指导培训，到区域内相关行业、企业挂职锻炼，在生产一线进行实践活动来加强创业教师队伍的建设。高校创业教育研究也要有服务区域经济的意识，主动研究区域经济所需的创业型人才，找准创业教育与区域经济发展的切入点，鼓励教师在行业、企业的实践中寻找创业教育的研究课题等。同时，高校可以从社会上聘请企业家和风险投资商等担任创业导师，鼓励他们积极开展短期讲学、案例讨论、创业论坛等来参与地方高校的创业教育，让他们对高校的各项创业实践活动进行指导和教学。

### （三）创业实践训练

第一，强化学生创业意识。高校可以围绕区域经济开设创业沙龙，开展具有区域行业特色的创业计划大赛和创业训练。强化创业意识不仅仅局限在校园内，更要走出去，联系校外创业新生力量和社会行业支持，凝聚一批具有丰富创业和经营管理经验的社会人士，并且通过聘任讲座教授或兼职讲师等形式，形成一种稳定的在校园里常设创业论坛的机制。正是因为创业活动的实践性和复杂性，高校开展创业教育要以论坛和沙龙的形式，邀请优秀创业企业家、优秀校友企业家和行业人士到学校开设沙龙和论坛，展开对话，为在校创业的学生传授创业经验和技能。高校开展的沙龙和论坛要紧紧围绕发展区域经济这个主题，强调区域性和地方性。这种与校外积极合作开展的沙龙和论坛，对弥补在校生社会经验不足和课堂教育的局限性有重要意义。针对高校目前论坛形式的临时性和分散性的特点，区域内高校可以在开展创业教育中抢占先机，形成常规形式，以期使区域行业论坛在高校的开展常态化和制度化。

第二，开展有针对性的区域行业创业计划大赛，有利于学生体验创业过程。学生通过参加创业计划大赛可以获得模拟创业经验，体验创业经历，学习、积累创业知识。这有利用培养学生的创业能力、团队精神、沟通交流和组织管理能力，提高分析和研究市场的能力，激发学生的创业精神和事业心，培养创业意识，提高创业技能。① 针对全国高校自上而下开展得如火如荼的创业计划大赛，高校可以与区域地方政府合作，

---

① 马明山、乔丹丹、汪向征：《公众视野中的可汗学院课程评价及其启示》，载《中国电化教育》，2014(1)。

开展政府支持的创业计划大赛。这有利于高校获得地方政府在创业方面的资金资助。同时，高校可以通过与政府、行业、企业的合作，积极促进行业、企业设立面向相关行业的创业计划大赛奖励资金，引导学生的创新创业朝行业方向发展，为行业提供创新创意的智力支持。

第三，构建实践训练平台，强化创新创业实践训练。一是加强校内实验教学载体建设。高校要以实验实训为核心，重点建设校内实训示范基地，全方位开放实验室、实训室等教学实践平台，设计以学生为中心的体验式和引导式的新型的实验教学模式，构建新型实验课程体系，开展探究性实验教学。二是加强校外实习实践基地建设。高校要加强教师发展学校、教学医院、行业企业等实习基地建设，优化能在见习、实习环节的实践能力提升；注重校地互动、校企合作，积极与属地开展深度合作，鼓励教师进企业锻炼、学生进企业实践，实现"骨干企业""园区""行业"之间的融合对接，较好地培养学生的创新创业能力。

### （四）创业孵化园区建设

建立创业孵化基地，促进创新创业项目成功孵化是高校实践育人工作的内在要求。创新创业孵化基地的智力人才聚集优势，可以最大限度地发挥统筹协调功能，鼓励学生发挥优势，加速学生科研成果的孵化进度。同时，高校要借助各类创新创业基金，共建创新创业孵化基地。高校需要加强与政府、企业的密切合作，在工商注册登记、税务登记和优惠政策落实等方面做足、做好工作，加快对创新创业成果的转化力度，鼓励学生积极进行创新创业实践。高校学生创业企业的孵化也是创业教育实践的重要路径。高校利用自身的优势创办一些大学生科技成果"孵化器"和大学生创业园，优化创业教育的实践路径，实现从校级创业园实践到区域内地方政府建设的创业园"孵化器"的孵化。如杭州先通过大学生创业园平台的"民办公助""区校合作""一园多点"模式促进大学生创业，[①] 再到行业企业的实际应用，大学生既可以将所学知识直接应用在企业的运营过程中，也可以应用在企业新项目的开发中。

### （五）保障管理体系构建

#### 1. 加强组织领导

高校应加强对创新创业教育的统一领导，积极争取地方政府的支持，主动加强与地方人力资源与社会保障部门的协调配合，整合学校部门优势资源，对创新创业教育形成联动。高校一是要落实好一把手工程，成立创新创业工作领导小组，由学校主要领导担任组长，相关职能部门及学院负责人为小组成员；二要将创新创业教育列入学校发展规划，纳入学校发展战略，把实施创新创业教育作为提高人才培养质量的重要手段。高校要切实落实"一把手"工程，积极出台并完善创新创业扶植政策，加强督促

---

① 曾骊：《大学生网店创业的现状与生态环境构建——基于浙江省高校的调研》，载《青年探索》，2013(6)。

检查和考核评估，保证机构、人员、经费和场地的"四到位"。

2. 制定规章制度

高校要制定与时俱进的规章和制度，使其对开展创新创业教育具有引导、激励和规范的作用。创新创业制度要涵盖国家政策、地方法规和学校规章等一系列制度，其目标就是把创新创业教育贯穿于创新创业人才培养的全过程，并渗透到高校教育教学的各个环节，持续推进创新创业人才培养模式的创新。同时，高校要出台大学生创新创业工作的实施意见，切实将国家和省市关于大学生创新创业工作的重要部署落到实处。

3. 完善管理体系

创新创业教育的管理部门分散，不同高校结合各自实际情况开展的创业教育的管理部门有所不同。浙江省高校纷纷成立创业学院，把创业学院建设作为推进创新创业教育改革的重要载体。浙江工业大学、杭州电子科技大学和温州大学等高校成立了实体创业学院；浙江大学、宁波大学和杭州师范大学等高校成立了非建制创业学院，由校领导担任创业学院院长，而办公室设在教务处或学生处；浙江工商大学、浙江理工大学等高校则在经济管理类学院设置创业学院。创新创业教育是一项综合工程，要结合学校实际情况，以利于调动全校力量、整合全校资源为目标，建立健全创新创业教育管理体系。

## （六）促进区域内企业和政府、高校积极合作

高校创业教育及实践的开展，最直接的意义就是为区域经济输送就业创业人才，因此可以以创业教育为纽带，搭建校地合作平台，为区域经济社会发展提供智力资源。[①] 要建立协同创新运行机制，高校就要积极推进"高校—企业—政府"的协同创新，充分利用地方优势和社会优质资源，与政府、产业集群或产业园区、金融部门和企业共同开展工作，破除体制性障碍。

具体来说，地方政府和各部门需建立专门的创业服务机构，设立创业扶持资金，建立创业信息网站平台。工商部门要对创业学生提供咨询服务，简化审批流程，适时跟踪帮扶；人力社会保障部门要及时为创新创业企业劳动用工提供便捷通道，方便创业学生和用工人员办理档案托管、组织关系转接和职称评定等；劳动部门应为创新创业团队进行运营前培训，使毕业生通过参加创业培训，具备基本的创新创业技能并酌情给予培训补贴；税务部门要积极落实税费减免政策，对从事创新创业的学生给予定额税费减免。这样可以在区域中形成浓厚的创业氛围，为大学生在区域内创业提供多层次、多渠道、多领域的发展空间。区域内行业、企业则承担校外实训的责任，以校企合作为重要依托，将企业作为学生进一步学习创业知识与技能的实习训练场，使学

---

① 姜慧、殷惠光、徐孝昶：《高校个性化创新创业人才培养模式研究》，载《国家教育行政学院学报》，2015(3)。

生把理论知识和创业实践技能应用于实际生产过程中，从而全面了解、掌握企业运行过程。全方位的校外企业实训可以全面有效地提高学生的创业素质，锻炼学生的创业能力。

总的来说，创新创业教育体系的构建体现区域特征、找准特色尤为关键，特色化、个性化定制的创业教育，才是互联网经济常态下创业教育能走通的道路。

# 第六章 "互联网+"背景下高校创新创业教育的发展

创新创业是当今世界经济发展的主旋律，它对缓解日益严峻的就业压力、应对知识经济的挑战、实现民族复兴和国家的可持续发展具有至关重要的意义。创新精神的培养和创新创业能力的提高在本质上是人才培养的问题，因此，创新创业教育是我国实现创新驱动发展战略的重要基石。创业教育被联合国教科文组织称为学习的"第三本教育护照"，与学术教育和职业教育具有同等重要的地位。虽然我国创业教育起步较晚，但却将创新教育与创业教育相融合，创造性地提出了创新创业教育这一概念。创新创业教育已成为许多高校转型发展创一流的战略选择，成为高校教育教学改革的热点。在"互联网+"的背景下，创新创业教育要培养学生"开放、平等、协作、分享"的互联网精神，不仅仅把互联网看作技术、平台，更看作一种观念和思维方式。在"互联网+"的背景下，我国高校创新创业教育也要在教育理念、教育机制和教育模式上实现创新发展。

## 第一节 创新创业教育的改进

### 一、立足观念革新

在经济新常态下，创新创业已经成为时代的主题，高校创业教育也随之快速发展。大数据对高校的创新创业教育提出了新要求，它迫切需要高校创业教育根据新形势变化，推进深层变革和建立适应发展的新思路。长久以来，我国高校创业教育是在市场需求的基础上建立和发展起来的。虽然高校也认识到社会和市场对于创业模式有多样化的要求，也不断丰富创业教育模式的种类来适应这种变化，但这种依托于"需求产生——发现市场——引导进入市场"的传统思维模式制定的创业教育往往存在滞后性，造成创业一窝蜂、模式单一的问题。因此，高校创业教育不仅要培养大学生创业者时刻关注当下经济热点和商机资源的意识，更需要培养大学生具备发展的眼光，敏锐地洞察市场前景，及早地"预见需求—创造市场"，提升高校创业教育的活力，激发大学生创业的主动性，树立"开放自由、多样发展、创新创造"的创业教育理念。在尊重教育规律、遵循科学的教育方法的基础上，高校大力推动创业教育从传统的"社会本位"走向"社会本位和主体本位"相结合的道路上来。

目前，部分国外发达国家的创业教育依托高新技术的引领，深入社会发展的各个领域，改变了人们的消费方式和生活理念。相比之下，我国的创业教育对高新技术的依赖程度低，"信息化、智能化、网络化、服务化和协同化"的产业生态链尚未形成，所以要进一步呼吁高校创业教育充分利用互联网资源，突破观念和思维创新，依托技术创新和人才培养，大力促进高新技术的转化，以市场需求和社会发展为导向，构建高层次、多维度、立体式的创业体系新格局。

## 二、坚持技术创新

创业教育和专业教育的融合，既是高校素质教育的内部要求，也是社会发展所需人才的外部需求，两者相互促进、相互作用。大学生自身所学的专业知识和实践技能在一定程度上决定了个人的知识结构和思维模式，并不可避免地影响到其创业方向，特别是初期创业的发展方向。[1] 从推动创业教育的社会需求来看，拥有专业背景的创业型人才更加具备成为未来企业家的能力，创业教育和专业教育的融合更能有效地帮助大学生实现专业领域的创业。[2]

专业教育仍是高校人才培养的主要模式和方法，并为社会推送和培养各领域的技能人才。在"互联网+"的时代背景下，高校创业教育的本质不是颠覆专业教育，而是结合专业教育促进高校人才在知识结构、创新创业能力方面的深度优化，注重大学生专业水平和创业能力的双提升。高校的创业教育和专业教育的深度融合，要求高校从顶层设计开始，成立专门负责创业教育的组织机构，保障创业教育和研究工作的开展和落实。高校要将创业教育体系全面辐射和融合到专业教育的培养过程中，根据院系和专业的不同开展不同程度的创业教育，设立院系专业特色的创新创业课程、教学资源和相关基地，全方位地将创业教育落实到专业教育、教学计划、教学活动和技术产出等各方面，扩大创业教育与专业教育之间的融合深度及广度；构建开放互动的教学方式，打造多元分层的课程体系，将不同领域、学科的教师和学生集中到创业教育的课程中来，开拓学生的知识领域，激发学生的创造思维，整体优化创业教育的质量和成效。

---

① 项建标、蔡华、柳荣军：《互联网思维到底是什么：移动浪潮下的新商业逻辑》，9页，北京，电子工业出版社，2014。

② 陈奎庆、毛伟、袁志华：《创业教育和专业教育融合的模式及实现路径》，载《中国高等教育》，2014(22)。

### 三、完善平台立新

高校大学生的创业教育是多层次、多维度、多元化的一个系统，依赖于"互联网+"组合的各种创业资源，包括课程建设、场地经费和优秀师资力量等，并通过各种创新平台推动创新实践和创业教育的协同发展，包括创新创业竞赛平台、创新创业项目训练平台、大学生创业实践基地和孵化园的教育实践平台等。高校通过改善课堂教学方式，引入慕课、微课等技术手段，精细化教学设计和内容，深化"第二课堂"的育人效果，加强与政府、社会和企业的合作，推动"全员育人、全社会育人"的理念更上新台阶。

高校在把握"互联网+"时代的新机遇、新问题和新途径的同时，要不断拓展创业教育的领域，坚持开放的教育理念，组建研究团队，组织大学生走出校园，勇于实践，邀请社会知名专家、企业家、创业导师开办讲座、沙龙，近距离向学生传授创业经验和知识，满足大学生创业过程中个性化和多样化的需要，解决实际问题。

### 四、加强政策出新

高校创业教育的重点内容之一是帮助大学生掌握创业相关的法律知识，提高大学生的创业安全意识。学校的相关负责机构统筹协调相关部门的职责，提供政策、经费保障，建立科学合理的评估制度，促进创业教育与专业教育的深度融合和长久开展。同时，高校还要确保各项支持大学生创业的优惠政策能落实到位。比如，在大学生创业过程中，政府可以提供法律支持、工商登记和减免税收的相关服务，设立创业启动基金、风险投资基金，在大创园、科技园等场所建立免费或者优惠的场所。高校应向创业学生提供更加高品质的服务。例如，高校不断优化创业就业等信息网的建设和维护，利用各种新媒体、新媒介手段推送及时、高效的信息资源，动态精准地掌握学生的创业情况和需求，切实降低学生创业的成本和风险。高校在内可以深挖校园资源，鼓励和吸引学生和学校合作，开设校内企业、发掘名产品等，在外可以通过学校影响力和校友资源，争取政府、社会以及企业的支持与合作，为大学生创业项目走出校园、走向社会寻找助力。

总之，无论是应用型还是研究型人才的培养，归根结底在于创新意识、创新精神、创业能力和创业素质的积累凝练。在高等教育大众化的今天，大学生个性化的创新能力正日趋薄弱，缺乏创新思维和持久毅力的大学生，往往茫然于自己的社会定位和价值取向。在"互联网+"的时代背景下，大学生创新教育就是一种个性化协同的创新机制，是以充分尊重大学生为创新主体的一种人本主义创新理论，具体指"在导师引导下，让大学生成为创新创造的主体，培养大学生自主创新、独立发现、主动探索的能力，以及主动完成创造创新的过程"①。正因如此，社会就对大学生的创新教育发展过

---

① 申潞娟：《美国斯坦福大学创业课程建设研究——基于创业课程与专业课程融合的视角》，载《世界教育信息》，2016(9)。

程中的各要素提出了更高的要求。

各高校不断挖掘和充实各类专业课程的创新教育资源，明确创新教育导向，有机融合专业教育、实践教育和创业教育，加大实践教学环节的设置比重，增强设计性、综合性、创新性，丰富课程内容，将最新的知识和理念引入课堂教学中，将最新的科学技术和研究成果应用于实践教学中，教学内容体现时代性、开放性、多元性和全面性。① 但在如何开设研究性学习课程，强化优质课程信息化建设，开发线上线下相结合的实用性课程，建设云课堂创业课程库，增强创新教育的针对性和学生获取新知识的自主性方面，各高校还需要进一步探索。

# 第二节 树立创新创业教育的新理念

创新创业教育理念是对创新创业教育的本质及其发展规律的理性认识和客观要求，是创新创业教育的指导思想。从宏观层面来说，它是指创新创业教育的宗旨和理想，指它在高等教育中主要解决什么问题。创新创业教育人才培养的目标就是提高大学生的创新创业能力。从微观层面来说，它是指创新创业教育的方法、途径、载体和要求。创新创业教育要实现创新发展，首先要实现理念创新。

## 一、创新创业教育的目标定位

创新创业教育首先要解决目标定位这个根本性的问题，即"培养什么人"和"怎么培养人"的问题，这决定了创新创业教育的理论架构和实践方式。与美国、英国等发达国家相比，我国的创业教育起步较晚，尚处于探索阶段。我国在探索的过程中对创业教育主要形成了"窄化"和"泛化"两种定位倾向。②

"窄化"就是把创业教育定位为"企业家教育"。这种定位主要源于美国部分商学院的创业教育模式，以培养"企业创办者"为主要目的，面向极少数有创业热情的学生提供教育培训、项目孵化和政策资金支持等。这种"企业家教育"不是我们创新创业教育的全部，正如蒂蒙斯所言，真正的创业教育应该是为未来几代人设定的"创业遗传代码"。联合国教科文组织对创业教育的定义是："培养具有开创性的个人，它对于拿薪水的人同样重要，因为用人机构或个人除了要求雇用者在事业上有所成就外，正在越来越重视受雇者的首创、冒险精神，创业和独立工作的能力，以及技术、社交和管理

---

① 孙剑明等：《基于互联网环境的大学生个性化协同创新机制研究》，载《世纪桥》，2015(5)。
② 杨晓慧：《我国高校创业教育与创新型人才培养研究》，载《中国高教研究》，2015(1)。

技能。"①当前有的高校对创业教育仍存在认识上的偏差，只侧重于培养"企业家"，甚至出现急功近利地追求大学生创业率的现象。根据麦可思研究院发布的《2016 年中国大学生就业报告》，2016 届大学毕业生自主创业的比例是 3.0%，比 2015 届大学生提高了0.1 个百分点。其中，高职高专毕业生自主创业的比例为 3.9%，本科毕业生自主创业的比例为 2.1%。在美国、英国等发达国家，大学毕业生自主创业的比例达到 8%～10%。大学毕业当年选择自主创业的比例并不高，但是我们不能因为自主创业比例较低，而放弃对全体学生的教育培养。

"泛化"是把创业教育定位为"素质教育"。这种定位源于联合国教科文组织 1989 年所提出的"事业心和开拓技能教育"，主张创业教育面向全体学生，以培养学生的创业精神、创业意识、创业知识和创业能力为主要目的，要求把创业教育融入素质教育之中。这种定位力图克服"企业家教育"的弊端，但在实践过程中却陷入空泛化的误区，把创业教育等同于素质教育。素质教育是一种以提高受教育者诸方面素质为目的的教育模式，它重视培养人的思想道德素质，倡导人的全面发展。创新创业教育是大学生素质教育、创新教育的深化和具体化，侧重于培养大学生的创新创业精神和创新创业实践能力。

高校创新创业教育还存在一个认识误区，就是把创新创业教育等同于就业教育或职业教育。创业属于高质量的就业，可以带动就业。创业不仅能增加就业机会，还能创造新的就业岗位。因此，创新创业教育在提升大学生就业能力和缓解大学生就业压力方面具有积极意义。许多高校把创新创业教育仅仅看作解决就业问题的权宜之计，把创新创业教育工作纳入学校学生工作部门或就业部门的工作范畴，而在教学部门工作范畴，学校缺乏顶层的战略发展规划，缺乏机关部处和教学单位之间的协同配合，造成学校学生工作部门和就业部门单兵作战，出现以讲座报告代替课程教学、以竞赛实践代替创新创业教育的现象。

高等教育的基本使命和首要功能是人才培养，高校创新创业教育应该定位于创新创业型人才的培养。创新创业型人才是指具有较强创新意识、创新精神和创新创业能力，进行创新性劳动并对社会做出贡献的人。创新型创业人才是国家创新驱动的第一资源。高校要把创新创业教育融入高校人才培养的全过程，以培养创新创业型人才为核心目标，把创新创业能力视为大学生的核心能力，把创新创业教育质量纳入衡量高校办学水平的重要指标。

## 二、创新创业教育的方法要求

一是创新教育与创业教育相融合。根据经济学家熊彼特的创新理论，创新是生产

---

① 教育部高等教育司：《创业教育在中国：试点与实践》，37 页，北京，高等教育出版社，2006。

要素和生产条件的一种全新组合。创业包括创新、未曾尝试过的技术以及建立新组织。"如果把创业比作美国经济的发动机，那么创新就是此发动机的汽缸"，哈佛大学蒂蒙斯教授形象地比喻了创新与创业两者的双生关系。创新是创业的动力和源泉，创业是创新的价值实现。创新引领创业，创业促进创新。创新与创业密不可分，创新教育与创业教育也密不可分、融为一体。创业活动可以把知识创新、制度创新和技术创新等体现在社会经济和文化的发展中，创业让创新成为发展的驱动力。根据麦可思研究院调查数据显示，大学毕业生自主创业的行业技术成分不高，主要集中在个人服务和销售行业。在排前5位的行业中，创新水平相对较高的是各类专业设计与咨询服务业，媒体、信息及通信产业加起来仅占14%，而零销商业、批发商业就占到了约40%。电子商务业的迅猛发展使许多大学生竞相选择在"淘宝"上开网店。接受过高等教育，掌握了科学知识和技能的大学生群体，在创业方面并没有体现出大学生的特点和优势，难怪有人戏称"大学生抢了农民工的饭碗"。创新引领下的创业，才能更好地推动社会进步和经济发展。2002年，我国确立的创业教育试点高校以"985"大学和"211"大学为主，这些高校在科技创新、成果转化和产教研合作方面有得天独厚的优势。虽然许多地方高校以培养应用型人才为办学目标，但创新创业能力也是应用型人才的核心能力，创新不是"985"和"211"高校的专利。高校创新创业教育，要瞄准知识前沿、科技进步、社会需求和产业变革，强化与地方和企业的合作，搭建协同创新的体系和协同育人的平台，以创新推动创业。

二是创新创业教育与专业教育相融合。创新创业狭义理解是以创新精神创业；广义理解是以创新精神就业，在本职岗位上创立事业。大学教育是按专业来设计和实施人才培养方案的，创新创业教育也应该面向全体学生，结合专业实施分层分类培养，既要做好"广谱式"的教育，也要为具有创业梦想和创业潜质的大学生提供"精英化"的教育。如中国人民大学制订的学生创新创业能力培养计划，将学生的创新创业能力培养分为四个层次，以满足学生的不同需求：面向全体学生的"普及教育"、面向有创业意向学生的"系统教育"、面向有创业目标学生的"重点教育"和面向创业实践学生的"实践教育"。创新创业能力是大学生成就事业的核心能力之一。高校要把创新创业教育纳入人才培养体系，融入专业培养目标和方案，与专业教育深度融合。

三是科学精神培养与人文素养提升相结合。麦可思《2016年中国大学生就业报告》显示，大学毕业生毕业3年后创业的比例增长为5.7%，大学毕业生创业群体中大部分是先就业后创业。2010届毕业时创业的大学毕业生，3年后还在创业的比例为42.2%；2012届毕业生创业3年的存活率增长为47.8%。可见，大学毕业生的创业质量在提高。我们应该更加关注大学生的持续发展力，更要让大学生认识到学好大学基础知识和基本技能、培养意志品格和创新创业实践能力的重要性。创新创业教育不是局限于教学生如何创办企业，也不完全等同于素质教育，它以增强学生的创新精神、创业意识和创新创业能力为教育目标，通过创新创业教育的有效实施来提高大学生的创新力和创造力，为社会经济发展注入源源不断的活力。创新创业教育既要强调经济价值，也要强调社会价值和文化价值；既要强调培养学生的创新创业能力，更要强调培养学生的社会责任感。各高校要通过创新创业教育，努力培养大学生的科学精神和人文化素养。

四是课程教育与实践教学相结合。课程教学是高校实施创新创业教育最基本、最重要的载体之一。目前，我国多数高校的创业教育课程体系还不够健全，开设的创业课程非常有限，有的高校仅有一门《创业基础》公共课，而且也只是通过网络教育来进行教学。因思想观念和师资力量等原因的限制，高校结合专业课程而展开的创新创业教育也只是停留于口号。创新创业教育具有很强的实践性，必须特别重视实践环节的设置和开展。创新创业能力更多关注"怎么做"而非"是什么"，这种能力不能靠"讲授型"的教学来传授，而必须通过"探究型""实践型"的教学来获得。这就要求我们的教师要经常走进企业，并改变"教师讲，学生听"的这种传统教学模式。同时，教师也要积极鼓励学生参加科技竞赛、创业大赛、社团活动和社会实践等各类创新创业的实践活动。

五是互联网技术和互联网思维相结合。互联网创新发展不仅仅是一次技术的革命，更是一场思维的革命。互联网改变了我们的生活方式，也颠覆了我们的思维方式。在"互联网+"的时代背景下，高校要将互联网的创新成果深度融合于经济社会各领域，包括高等教育的领导方面。"互联网+"推动创新要素和创业资源的聚集、开放和共享，成为创新驱动发展的先导力量和促进"大众创业、万众创新"的新平台。在"互联网+"背景下，高校创新创业教育也必须从理念、方法和载体等诸多方面进行创新发展。我们不仅仅要把互联网看作技术、平台，更要看作一种观念和思维方式。我们既要利用互联网技术手段和信息平台开展创新创业教育，又要通过创新创业教育培养"互联网+"的思维和"开放、平等、协作、分享"的互联网精神。对于处于发展阶段的高校创新创业教育来说，开发好网络教育资源、加强线上教育资源的共享，是解决学校创新创业教育师资力量缺乏、教学形式单一、专业水准不高的有效途径。中国高校创新创业教育联盟(2015年6月，清华大学等高校联合发起成立)、全国大学生创新创业联盟(2015年11月，团中央发起成立)、全国大学生创新创业实践联盟(2017年6月，厦门大学等高校联合发起成立)相继成立，这也充分反映了高校创新创业教育协作发展的诉求。

## 第三节　构建创新创业教育的新机制

机制是指整体中各部分之间的相互联系及其运行方式。一个整体是由具有不同性能的部分构成的，这些不同的部分通过一定的联系结合在一起，这些联系指的就是机制。通过各机制内部与相互之间的良性运行，整体才能得以进步与发展。

## 一、主体性机制

"主体性是人作为主体的内在规定性，人的主体性发展贯穿于整个生命过程中，其主要表现为主体活动的自主性、能动性和创造性。"[①]主体性机制是指主体的思维方式与实践活动不依赖于他人，而是靠自己的经验与想法创造出不同于之前的新的主体机制，即创意的意念、创造性的思维方式的转变，达到一种革故鼎新的主体性机制的独特性。在创新创业的活动中，大学生群体是核心队伍，所以加强大学生自身的主体性机制即可开拓更为广阔的创新思维。学生主体性创新创业的主体性机制发展主要包括两个方面，首先是理论渗透的渐变影响。在主体接触创新创业理论课程的同时，引导其开拓思维、发散想象力、发挥创意概念，这样即奠定了未来创新创业的良好基础。其次是实践行为的实施。在主体已经在一定层次上达到了该有的理论知识储备的前提下，实践行为的引导就显得颇为重要，因为只有将理论付诸实践，才能更好地将理论变为主体的经验，且更能深层次地理解理论的作用。

英国学者迪尔登（Rearden）认为："自主性有三个特征：独立做出判断、批判性地反思以及依据这些独立的、反思的判断将信念与行为整合起来的倾向。"在"互联网+"的时代背景下，在创新创业的行为过程中，主体对于自主性的特征有一些表现形式，如对于创新创业产业型的选择、创新创业众创空间的选择、创新创业领导团队以及合作伙伴的选择等。这些在创新创业过程中可能会面临一系列的问题，这都需要主体性机制的运转去判断并找到解决方法。有学者提出：以探索和求新为特征的创造性是主体性发展的最高层次，是建立在对自我认知能力了解的基础上的，是现代社会进步发展的动力源泉。[②] 每个人在社会中都可以发挥其创造力，然而最主要的是在自我认知的基础上，实现主体机制力量的最大化。整个社会的进步并不是一种历史的必然性，而是人类在实践行为的主观能动性之上所探索并激发出的创新力量，只有创新才是社会进步的最大推动力，而创新本身是一个活动，活动就需要主体去实施，这个主体就是社会当中的人。

创新创业主体性机制特征愈加突出的同时，高校创新创业教育对于此种能力的培养也视为一个潜能激发的通关秘钥，只有主体充分地发挥其主体性机制所拥有的特殊性创造潜力以及与创新创业实践活动相结合，才可以潜移默化地加强学生的主体性地位、主体自身的创造能力和主体在实践过程中对于自身价值清晰的定位以及深度的辨析，最终促进创新创业的主体性机制的发展。

## 二、社会化功能机制

我国著名社会学家费孝通认为："社会化就是指个人学习知识、技能和规范，取得

[①] 张家祥、钱景舫：《职业技术教育学》，2～3页，上海，华东师范大学出版社，2009。
[②] 李燕：《从杜威的"从做中学"角度看我国的职业教育》，载《科教导刊》，2014(3)。

社会生活的资格，发展自己的社会性的过程。"①社会化原先是一个社会学概念，是指个人从自然人向社会人转化的过程，后来逐渐被借用到管理学领域。国外学者早在1992年就把社会化理论引入创业研究领域，创造性地提出了"创业社会化"概念，以期构建一个可以统一解释创新创业者职业发展的整合框架。② 当然，创业者职业发展要比创业社会化含义更加宽泛，是一个长期社会化经历的集合，而且创业社会化应该是新创业者职业生涯发展必须经历的一个阶段。

社会化功能机制的培养与塑造是创业过程中较为重要的一个方面，创新创业社会化的主体功能主要是基于与发轫于社会需要，而其社会功能的实现则要以个体功能的实现为基础。这种社会的需要主要来源于主体所承担的一种社会责任感，且无论是互联网还是个体的人，都必须具有社会属性，并且在社会当中创造出价值。在社会化的定义中，功能有两个较为清晰的表述，第一是使个体"形成共性"，即获得参与社会生活所必需的品质，成为被社会所接受的人。此共性主要意味着在创新创业当中，作为一个无论是拥有普通民众身份属性的创客，还是高端专业人才身份的创客，所承担的社会责任感以及对于社会的归属感性质是同一的，无论创业成功与否，社会化意识形态的塑造是不可忽视的。第二是使个体"发展个性"，即使个体的个性得到发展并逐渐生成，形成个体拥有独特性的一面。这一功能在创新创业领域中的功效日益明显。所谓独特性，就是在普遍性中包含着特殊性，即创新。

在"互联网+"的时代背景下，中小型企业的竞争日益激烈，制胜的关键与公司的长远利益都需要不断地创新，需要随着社会大众日常生活的行为轨迹来寻求创新意识，寻求对公司未来发展理念上与实践中的升华与裂变。在高校的创新创业实践活动当中，社会化功能机制的建立是必不可少的，因为高校的创新创业团队所创造出的成果必然要经历社会的考验与见证。在创意成果未步入社会之前，需要充分认识其产品的社会定位，了解该产品适应的社会人群，以及是否满足了该产品的社会需要。如某高校的创新创业团体曾经研发出一款关于网络购物筛选的APP，该成果创意值得赞赏，因为它可以对网络购物添加进购物车的物品进行一个分类，并且还可以筛选顾客所钟爱的不同种类的商品。在软件推出之前，研发团队就根据其社会定位，做了广泛的社会调查，并且对社会需要的认知程度也有一个较为清晰的梳理，充分发挥了社会化功能机制，产品在推出后大受好评。所以，构建创新创业的社会化功能机制，在创业当中任何不同的层面都具有自身独特的意义与作用。

## 三、多方协同育人机制

所谓协同就是齐心协力、共同工作，或者说是协调两个或者两个以上的不同资源

---

① 唐晓曦：《杜威的"从做中学"对职业教育教学模式改革的启示》，载《新课程研究》，2008(10)。
② 郭宇峰：《斯内登的职业教育思想及其影响》，载《中国成人教育》，2014(13)。

或者个体，协同一致地完成某一目标的过程或能力。协同育人是育人的一种方式，更是育人的一种观念。要培养出素质高、全面发展、有个性、有特色的学生，学校、家庭、社会及受教育者这四个要素必须进行科学的整合。完善协同育人机制、吸引更多社会资源投入人才培养，是高校创新人才培养机制的重要方式，也是提高人才培养质量的有效途径。高校创新创业教育是一项系统工程，要高度重视创新创业资源与要素的集聚，推进政府、企业等社会力量与学校创新创业教育的协同育人机制，从创新创业的教育引导、课程建设、项目孵化和成果转化等多方面开展深入的产学研合作，并不断完善创新创业指导服务、资金支持和政策保障体系。

创新创业教育是高校的整体工作，不是教学线或学工线单一的工作，所以要充分整合校内优质资源，明确学校各职能部门和专业学院在创新创业教育中的职能边界，形成既各司其职又团结协作的齐抓共管格局，形成共同关心、支持创新创业教育和学生创新创业的良好生态环境。高校实施创新创业教育工作"一把手工程"，成立由学校主要领导担任组长，教务处、学工部、团委、科技处、实验室管理处、社会合作处和校友联络处等相关职能部门组成的创新创业领导小组，就是为了加强全校各部门的统筹协调和资源整合。

# 第四节 搭建创新创业教育的新平台

## 一、从创客到众创空间

所谓创客，指敢于大胆创新，努力将自己的创造成果、创意设计理念变为现实的人。在当今的中国，创客最直接的联系就是与"大众创业、万众创新"共同构造出"互联网+"时代的特殊形态。2015年3月5日，李克强总理在《政府工作报告》中指出，把"大众创业、万众创新"打造成推动中国经济前行的"双引擎"之一。而构成上述创新创业的主体和核心即创客。对于"创客"本身的特质来说，随意性、活泼性、能动性构成了创客主体的价值属性，其运用创新思维、创造能力制作出创意成果，从而达到满足社会大众需求的目的。一旦社会反响热烈，创客就必然会形成一种商业模式，以此来奠定一个创业的良好基础。

随着"互联网+"时代的到来，社会对创客的需求自然不言而喻。个人的创意无法避免局限性、狭窄性，需要与志同道合的合作伙伴一起不断设计完善并推出产品，因此"创客"的凝聚也显得尤为重要。在"互联网+"的平台之上，众多的创客参与创造、创新，发挥自己的创意，这是一个企业生生不息的强劲生命力。创客能为"互联网+"时代提供连绵不绝的创意，也是中国未来社会发展的坚强支柱。相对于高校而言，连年的就业压力使毕业生苦不堪言，找工作更是难上加难，而"互联网+"时代的到来，为广大高校毕业生开启了一扇机遇之门。高校不断挖掘"创客"资源，举办各种创意成果展览，使学生近距离接触创新创业，发挥自身最大限度的能动性。中国的未来在高校，而高校的核心是学生。换而言之，中国的未来即是千千万万的青年学生。在北京的某些创业基地，一些学生毕业后以开发互联网软件为主导，拥有了自己的品牌并注册了公司。他们谈起成功经历都会提到曾经也是创客中的一员。年轻的血液在相互的激烈碰撞之下终于撞出了火花，以创客为核心的创新主体在天时、地利、人和的社会条件之下，成功必然指日可待。

创客的出现，顺应了时代发展的趋势，体现了年青一代改造客观世界的先进能力。创客是"互联网+"背景下诞生的特殊群体，他们注定要在世界的视域中书写豪迈的篇章。

在创业生态系统中，居于核心的必然是由创客凝聚而成的众创空间，它象征着创新意识的聚拢、创业人才的诞生。而在众创空间正式提出之前，中国已经十分重视"互联网+"创新创业的问题，积极地探索创新创业的专业人才培养模式。众创空间作为核心要素发挥着巨大的作用，它承载着整个互联网的精神动力与智能保障。美国《连线》杂志的前任主编克里斯·安德森是经济学中长尾理论的发明者和阐述者。他曾经写过一本书《创客：新工业革命》，其中提到："他预测在接下来的 10 年里，人们会将网络的智慧用于现实智慧中，未来不仅属于建立在虚拟原则上的网络公司，也属于深深扎根于现实世界的产业，所以创客运动是线上线下的高度融合，是虚拟的世界与现实的制造业和现实的产业的高度融合。"①因此，众创空间是线上线下、虚拟与现实产业完美融合的焦点。在"互联网+"生态系统中，想要和谐有序地运转，必然以创客为主导，以众创空间为焦点和载体，这样才能提高创新创业的高效性、持续性。

国家已经推行政策建立了一批众创空间，加大"互联网+"创新创业的普及力度，为创客提供良好的创新创业空间。如在杭州的未来科技城，中国移动首个"众创空间"已经落户生根。其面积大约有 1 500 平方米，有三个开放办公区和一个休闲交流区，可以同时容纳 150 人办公。"众创空间"的建立象征着创新创业的潜力将无限制地被挖掘出来，作为焦点生态要素，其作用将发挥到极致。

## 二、从众包到众筹

众包这一概念是由美国《连线》杂志的记者杰夫·豪（Jeff Home）于 2006 年 6 月提出的。他为众包下了一个定义：众包指的是企事业单位、机构乃至个人把过去由员工执行的工作任务，以自由自愿的形式外包给非特定的社会大众群体解决或承担的做法。众包的实质是消费者参与企业价值的创造和创新过程。② 在众包概念提出的当前，"互

---

① 周报春：《美国社区学院的改革对我国高职教育的启示》，载《职业教育研究》，2007(10)。
② 孙晓莹：《德国职业教育对我国职业教育发展的启示》，载《教学研究》，2006(5)。

联网+"时代的背景下，创新者主体性特征愈加明显，创新者主体的范围正在由专业人才的发掘转变为一种社会大众的普适性，消费者的身份不仅仅被局限于消费范围之内，亦可参与企业的价值创造。因为"互联网+"就是以消费者为主体，以消费者在生活中的痛点为创新创业的切入点。所谓痛点，是指人们在现实的工作和生活中（或者顾客在使用产品或服务时）抱怨的、不满的、感到痛苦的接触点。① 在找到痛点的前提下，利用大数据分析，抓住时机。大数据思维指的是大数据时代中人们寻找创新机遇，最重要的是对数据"先知先觉"。

与此同时，中国也有众包的案例。如 2015 年 2 月，凯翼汽车集团宣布开启"众包造车"的项目，打造一款 A 级 Cross 车型。这种车型是汽车行业中首款采取众包造车并逐步实现量产的车型。"凯翼众包"是根据目标人群的需求，由凯翼汽车牵头发起，通过互联网思维，以客户需求为中心，激发社会大众的创意和灵感而打造的一场"众包造车"行动。②

此事件深刻地体现出众包在创新创业中贯穿的主线以及以消费者为核心的服务宗旨。一些企业还在互联网上搭建众包平台，使消费者亲身体验企业的操作流程以及创造过程，引导消费者提出完善的想法或者建议，以供企业借鉴，为日后企业的发展打下一个扎实的基础。众包的产生让人体会到创新创业的新气象。我们也可以借机延伸出众筹。众筹是在众包的基础上演变而来的，也可以说是众包的升级版、强化版。

### 三、从众筹到众创

所谓众筹，是指大众通过互联网沟通并紧密联系，汇集资金支持由其他组织和个人发起的集体活动。创新创业者或中小型企业等项目发起人（筹资人）通过中介机构（众筹平台）审核身份后，在众筹平台的网站上建立属于自己的页面，用来向公众（出资人）介绍项目情况，并向公众募集小额资金或寻求其他物质支持。最初所筹的资金由众筹平台掌握，并不直接到筹资人手中。项目若在目标期限内达到募资金额，则项目筹资成功，所筹资金被众筹平台划拨到筹资人账户。等到项目成功实施后，筹资人将项目实施的物质或非物质成果反馈给出资人，众筹平台从所筹资金中抽取一定比例的服务费作为收益。如果在目标期限内未达到募资金额，所筹资金就会被众筹平台退回给出资人。项目发起人则需要开始新一轮的筹资活动或宣告筹资失败。③ 众筹发源于美国，种类涵盖股权众筹、债券众筹、产品众筹和公益众筹等。后几种在国内已有了尝试。股权众筹已经有某些机构偷偷试水，但并未成气候。然而近日，关于股权众筹监管的

---

① 赵建玲：《发达国家的职业教育模式及其启示》，载《金融教学与研究》，2007(3)。
② 张杰夫：《互联网+给教育带来五大革命性影响》，载《人民教育》，2015(13)。
③ 官建文、李黎丹：《"互联网+"：重新构造的力量》，载《现代传播（中国传媒大学学报）》，2015(6)。

意见即将出台，创新创业也将迎来多元化的融资阶段。

当前的众筹平台不仅可以使创新创业的范围扩大，而且能使互联网企业与社会民众之间的联系愈加紧密，筹资活动的效率比往常更高，对象的网络一体化趋势也更为明显。如在一些众筹的网络平台中，家庭困难且孩子得了极度严重的疾病而无力承担医药费的事情比比皆是，但是以个人之力终究无法达到期望的结果，向社会求助只能通过媒体的渠道，但毕竟媒体有其自身的局限性，不可能方方面面都顾及，且筹款过程较为烦琐，信息的真实性也无法得到证实，曾经好多次曝光接收捐助的家庭拿着筹款治病的款项享受其他的物质生活，这即是筹款过程中的漏洞与缺憾。而网络众筹平台的建构，一方面促使筹款信息更加真实，准确性较高，另一方面互联网手机的普及使更多的人能看到求助信息，从而为那些弱势群体贡献出自己的一份力量。筹款的过程也更加精细，不需要耗费人力资源，只需要通过互联网、大数据、云计算、终端设备即可轻松便捷、省时高效地完成筹款的过程。但是，中国众筹的发展处在起步阶段，由于缺乏相关法律法规，众筹曾经一度徘徊于非法集资的边缘。

"点名时间"是成立于 2011 年的中国众筹网站，它仿照 Kickstarter 的商业模式运作，网站的规章制度甚至页面设计都参考 Kickstarter 的风格。在完成了几个经典项目的众筹活动后，"点名时间"获得了国内一些知名网站和媒体的支持与关注。然而在2015 年上海互联网金融博览会的高峰论坛上，中国内地共有众筹平台 190 家，剔除已下线、转型及尚未正式上线的平台，平台总数达到 165 家。[①] 这当体现出众筹平台建立和完善的速度让人惊叹。这主要归功于"互联网+"时代势不可当的前进趋势以及线上线下融合渗透日益频繁的互动性，这即是创新创业所体现出的一种新转变。

众创是指在现代互联网背景之下的一种新型创新模式，一方面，热爱创新的大众（创新者）基于由企业搭建的或者自发形成的互联网平台实施创新活动，并且通过互联网进行创新成果的展示或出售；另一方面，其他企业或个人（需求者）通过互联网搜寻和获取创新成果并加以利用。众创主要可以分为企业主导式众创和大众主导式众创。[②]企业主导式众创是指大众在企业创新需求的主导下，识别机会并参与企业创新的过程。企业是创新的主导方和发起者。大众主导式众创是指在没有明确的创新需求的情况下，大众主动获取创新机会，实施创新和将其商业化的过程。"大众创业、万众创新"的提出更加标志着这种"大众性"平台延伸所带来的一系列连锁反应。新型模式的众创不仅使创新创业变得平民化，也将互联网的众创升华到了新的高度。众创在高校有卓越的优势，对于社会中的一些"创客"来讲也是施展创新才华的好机会。中国民间的创客团体正如雨后春笋般崛起，主要形成了以北京创客空间、深圳柴火、上海新车间为三大

---

① 马化腾等：《互联网+：国家战略行动路线图》，48 页，北京，中信出版社，2015。
② 南旭光：《"互联网+"职业教育：逻辑内涵、形成机制及发展路径》，载《职教论坛》，2016(1)。

中心的创客生态圈。① 但是，众创空间在一定程度上不可能拥有所有互联网上用于共享的资源和服务的能力，必须要和第三方进行合作。所以在众创的前提下，合作共赢、生态共享就成了"互联网+"时代中主客体之间的相处模式。

以世界著名手机品牌苹果公司来说，Apple Store 是苹果公司于 2008 年 7 月推出的基于 iPhone 终端的内容服务产品的平台，以增加其 iPhone 终端的附加值。这个平台中有三个利益相关者：苹果公司、程序开发者和消费者。其中，苹果公司主要致力于平台的开发和管理，为程序开发者提供程序开发包（SDK），以方便其开发和上传应用程序，并为用户提供下载入口和好的体验等。一方面，那些爱好开发的组织或个人担任程序开发者的角色，他们借助 SDK 工具能够方便地开发和上传软件，并根据下载量的多少赢得报酬；另一方面，消费者根据需要在平台上方便地下载自己所需的软件。这些软件可能是免费的，也可能是收费的。在该过程中，苹果公司收取一定的中介费用。② 这种国际上知名的大企业丰富的众创经验，对我们国内众创的发展来说是一个值得推敲的良好事例。在某些层面，它不仅可以丰富"创客"的众创团体之间相处的思维模式，还可以指引中小型企业如何在互联网的潮流中独善其身，并做到逐步在相互合作的前提下发展自身，在众创空间的生态圈中良性循环。

在高校的创新创业实践活动中，创客团体的建立更加具有大众性平台的特征。无论高校的创新创业主体是否有创新思维或者创业意识，只要他们有创新创业的热情，都可以加入高校的众创空间，因为每个独特的个体都是推动"互联网+"时代发展的暗能量，并且在与创业团队的相处与磨合中发展自身，建立自己的创新创业生长系统，从而将"大众性"平台的优势发挥到极致。

## 四、从大学生创业园到大学科技园

大学生创业园即大学生创业孵化器，是高校建立或依托政府与企业建立的，为大学生提供创新创业指导和服务，是帮助大学生创新创业项目孵化的实践平台，是高校开展大学生创新创业教育和创新创业服务的重要载体和有效途径。国外大学生创业园源于 20 世纪 50 年代德国职业学校的"模拟公司"，它们通过模拟经济活动的环境，为大学生创新创业实践提供场所。2001 年 2 月，我国第一个大学生创业园——西部大学生创业园在成都奠基。十多年来，随着创新创业教育的不断推进，我国许多高校纷纷建立了大学生文化创意创业园、电子商务创业园和科技创业园等各种类型的大学生创业园。根据投资主体不同，有"高校独家经营型""学校企业合作型"和"学校政府共建型"。如果说"创业计划大赛"是我国高校开展创新创业教育的模拟实践，那么设立大学生创业园是我国高校开展创新创业教育的落地实践。大学生创业园的建立，满足了大

---

① 孙柳燕：《创新意识》，84 页，上海，上海科学技术出版社，2011。
② 张洪芹：《大学生创新意识的培养机制》，载《山东省青年管理干部学院学报》，2007(4)。

学生创业的实践需要，使原先的创新创业从"纸上谈兵"转入"真枪真刀"的实战。

但是，与我国高校创新创业教育的整体状况一样，大学生创业园也普遍存在功能定位不清楚、管理制度不完善、融资能力欠缺、科技水平不高、导师力量不足和孵化功能不强等问题。许多大学生创业园缺乏对创业政策的了解，并且没有市场经验丰富的管理队伍，没有专职的管理人员，而只是由学工线或就业线的教师兼任。许多大学生创业园除了减免场租和水电费外，缺乏支持资源来吸引大学生创业团队入驻。许多高校的大学生创业园建设还不成熟，有的变成了大学生集市，成为大学生练摊的场所；有的变成了大学生创新创业教育成果展示区，成为仅供参观的场所。应该说，加强大学生创业园的建设是高校推进创新创业教育的重要工作内容。

高校大学生创业园可采取"项目化入驻、企业化管理、市场化运作"的方式，建立科学规范的运营机制；可联合地方政府和企业在大学生创业园建立功能齐全的服务体系，为大学生创业团队提供集风险评估、融资对接、法律咨询、工商登记和财务管理等的"一站式"服务，提供注册、融资、贷款和纳税的绿色通道；要加强大学生创业园服务设施建设，让大学生创业园成为大学生创客云集地和创业大学生的加油站，发挥好孵化器、加速器的作用，将孵化成功的学生创业企业向社会众创空间、政府科技城和大学科技园转移；要加强创业文化建设，让大学生创业园成为许多高校展示创新创业典型、宣扬创新创业精神和传播创新创业文化的重要阵地。

大学科技园以大学为依托，将大学的综合智力资源优势与其他社会优势资源相结合，为高校科技成果转化、高新技术企业孵化、创新创业人才培养和产学研结合提供支撑的平台和服务的机构。20世纪30年代，美国斯坦福大学工学院院长弗雷得里克·特曼（Frederick Ferman）教授出资538美元资助两名研究生利特和帕卡德创立了"硅谷鼻祖"——惠普公司。1951年，美国斯坦福大学建立了世界上第一个大学科技园。受美国的影响，日本、法国、英国等国家也纷纷建立科技园区。1988年，东北工学院（现在的东北大学）在沈阳高新技术开发区建立了我国第一个大学科技园。2001年，国家科技部和教育部联合启动大学科技园建设，清华大学科技园、北京大学科技园等22个不同类型的大学科技园成为首批国家级大学科技园。截至2014年年底，已认定的国家级大学科技园有115所。大学科技园在服务经济社会发展和创新型国家建设中发挥着重要作用，成为一流大学的重要标志之一。

2009年，国家科技部和教育部联合启动了大学科技园"高校学生科技创业实习基地"的建设工作。其初衷是为了应对国际金融危机对大学生就业的影响，落实以创业带动就业的指导精神，建立大学生创业孵化基地，并以此引导大学生投身创业实践。随着高校创新创业教育的开展，大学科技园逐渐成为大学生创新创业教育十分重要的教育平台和载体，在落实创业政策、培养教育师资、营造文化氛围和推进协同创新等方面发挥着重要的作用。

# 第五节　探索创新创业教育的新模式

教育模式是对教育进行有效实践而采取的一种教育策略的集合体系，其特点主要是体现出一定的程序。高校创新创业教育模式从宏观角度来讲，主要指创新创业教育的工作体系构建。从微观角度来讲，主要指创新创业教育的课程设置、教学实施、师资组成和实践活动等方面。

## 一、创新创业教育模式的选择原则

虽然我国高校的创新创业教育起步较晚，对用什么方法开展大学生创新创业教育也有不同的理念，但各地高校围绕人才培养目标、任务，积极主动地实施创新创业教育，走出了各具特色的发展道路，也形成了许多共识。高校创新创业教育应遵循下列原则。

### （一）全体性原则

创新创业教育不是局限于教有创新创业意愿的学生如何创办企业，它是以增强学生的创新精神、创业意识和创新创业能力为目标的教育。在 2015 年全国高校创新创业教育改革会议上，时任教育部部长袁贵仁指出："要牢固树立先进的创新创业教育理念，注重由单纯面向有创新创业意愿的学生向全体学生的转变。""面向全体"就是要做到创新创业教育全覆盖，针对全体学生开展课程教育和实践教学，将创新创业教育贯穿育人的全过程。

### （二）主体性原则

人才培养是高校的首要任务，高校应营造以学生发展需求为导向，以学生利益为中心的人才培养环境。高校创新创业教育必须要考虑受教育主体的差异性，要根据学生的不同情况，结合专业，分层分类推进，既要做好面向全体学生的"广普式"教育，也要做好面向有创业潜质学生的"精英化"教育，通过个性化的创新创业教育充分调动学生的主动性、积极性和创造性。

### （三）特色性原则

虽然每所高校在办学层次、办学水平和办学体制等方面不同，但每所高校都有办学定位、办学方向和办学特色的追求。创新创业教育也应结合高校的学科优势、专业特色和学生特点，走出一条特色发展之路。"985"和"211"高校创新创业教育重在加强科技创新能力，倡导创新引领下的创业；普通地方本科高校要与应用型人才培养相结合，以服务地方经济发展来实施创新创业教育；高职院校要结合职业教育，走出一条保障型创业之路。虽然学者对这三种类型的分类有不同的观点，但他们普遍认同高校要采取分类施教、因校制宜的创新创业教育模式。

总之，高校实施创新创业教育必须坚持面向全体、结合专业、分类推进的原则，走特色化、差异化发展之路，不能简单照搬照抄。

## 二、构建多方协同育人的工作体系

高校创新创业教育是一项系统工程，是高校提升人才培养质量的改革举措。高校需要通过各种途径构建多方协同育人的工作体系。

### （一）加强校内外资源整合

高校内部要通过成立创业学院等方式建立专门的创新创业教育管理、科研和教学机构，协调校内不同部门和学院，统筹全校创新创业教育工作。浙江省几乎所有高校都成立了创业学院。创业学院成为高校推进创新创业教育工作的重要载体和途径（以杭州师范大学为例，详见图6-1）。许多高校由校领导担任创业学院的院长，这样更加有利于加强校内力量的整合。创业学院的教育对象是全校学生。当前，高校创新创业教育还存在着师资力量、实践平台和扶植资金等不足的问题，还要高度重视加强与地方政府和企业等社会力量的合作。特别是地方高校，其主要任务是培养应用型人才，必须紧密结合地方经济社会发展的实际需求来设计和实施人才培养方案；要针对创新创业教育重在实践教育的特点，加强与地方政府、企业、社会组织和风险投资机构开展产学研合作，建立孵化基地和实践基地等创新创业平台。

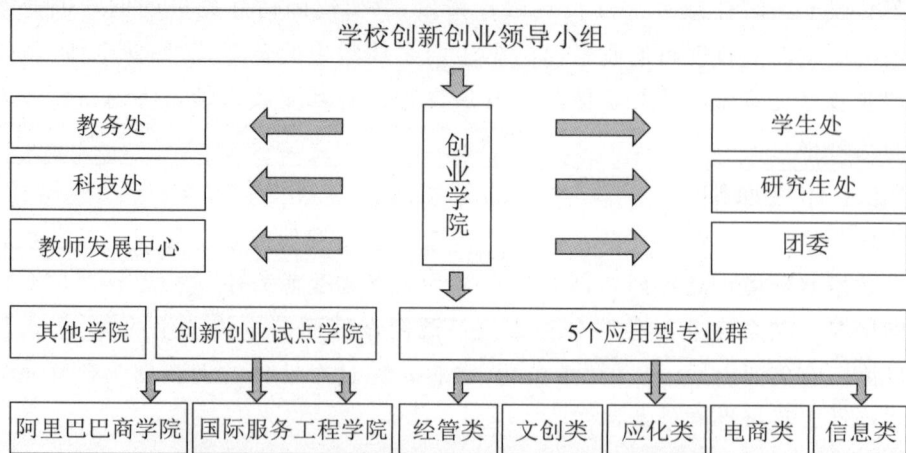

图6-1 杭州师范大学创新创业校院联动管理体系

### （二）加强第一课堂和第二课堂的联动

高校创新创业教育第一课堂的重点是做好分层次的课程教学工作，抓好课程建设和教学模式改革，高校要根据创新创业型人才培养的要求，构建"必修+选修""通识平台课+嵌入式专业课+行业精英课"三层级、多向融合的创新创业教育课程体系，并将其纳入人才培养方案，实行学分制管理。具体来说，也就是高校要面向全校学生开设《创业教育》基础课程，激发学生的创新创业意识；结合专业教育开展"嵌入式"创新创业教育，培养学生的创新创业精神；面向创业实践的学生开设"创业精英班"，提升学生的创新创业实践能力。第二课堂的重点是打造创新创业教育实践平台、竞赛平台和孵化平台，强化对学生的创业实践训练，指导学生社团组织开展创业教育活动，组织学生参加"互联网＋"大学生创新创业大赛等各类竞赛。

### （三）加强"双师型"教师队伍建设

"双师型"教师是指既具备理论教学素质又能进行实践教学的教师。教师是教学工作的主体，教师教学水平的高低是教学质量高低的决定因素。高校要建立一支专兼职相结合的创新创业教育教师队伍；要坚持"内培外训"，努力提升教师创新创业能力；依托教师教学发展中心实施创新创业导师培训项目，加强与企业的合作，实施中青年教师"入企、入园实践工程"。高校还要从政府、社会和企业聘请校外大学生创业导师，为创新创业教育的开展提供专业的指导。

## 三、创新创业教育与专业教育的深度融合

高校应该转变传统教育教学理念，深刻理解创新创业教育是专业教育的进一步延伸和深化。创新创业教育与专业教育相融合，一方面，可以推动专业教育改革，更好地适应社会发展的需要，并能促进学生开发创新思维，开展科学研究，从而提高教育教学质量；另一方面，专业是创新创业的基础，专业教育可以丰富创新创业教育的内容，促进创新创业教育与专业教育相融合，这是高校开展创新创业教育的新使命。

### （一）建立创新创业教育与专业教育有机融合的人才培养新机制

高校应以需求为导向，积极调整学科专业结构，促进人才培养由学科专业单一型向多学科融合型转变；应以创新创业为导向建立跨学科专业，培养创新创业人才新机制，促进人才培养与经济社会发展、创新创业需求紧密对接；应以创新精神、创业意识和创新创业能力为人才培养质量评价的重要指标，修订人才培养方案、评价标准，细化对创新创业素质能力的要求；应探索建立校校、校企、校地以及国际合作的协同育人机制。

### （二）健全创新创业教育与专业教育有机融合的教学课程新体系

高校要根据人才培养定位和创新创业教育的目标要求，挖掘和充实各类专业课程的创新创业教育资源，实现专业课程与创新创业教育的交叉、渗透、融合，在传授专业知识的过程中加强创新创业教育。同时，高校要全面系统地开发提高学生创业意识、创新精神和创新创业能力的必修课和选修课，并纳入学习认证和学分管理。高校要借助发达的网络媒体渠道，推出资源共享的创新创业教育慕课、视频公开课等在线开放课程，丰富创新创业教育课程资源。高校要建立鼓励教师参与创新创业教育课程与教学改革的政策措施，逐步形成对创新创业教育的认知、理解、认同和支持。

### （三）搭建创新创业教育与专业教育有机融合的创新创业实践新平台

为了让大学生在专业创业实习中更好地认识创业艰辛、历练创业能力、积累创业

经验，高校应积极搭建有利于创新创业教育与专业教育有机融合的创新创业实践新平台，如大学科技园、大学生创业园、创业孵化基地和小微企业创业基地等，以实实在在的创业项目对学生进行实战训练，最终将专业教育与创新创业教育有机地融合，落实在创新创业实践中。

总之，高校创新创业教育必须始终围绕全面提高人才培养能力这个核心点，遵循人才培养和人才成长规律，结合学校办学定位和人才培养特色来开展，具体包括以下几点内容。

一要树立创新创业教育新理念。高校要站在人才培养的高度开展创新创业教育，把创新创业教育贯穿育人的全过程；要把创新创业教育质量作为衡量高校办学水平的重要指标，纳入高校教育教学评估指标体系。

二要加快推进教育教学改革。创新创业教育不只是创业竞赛和创业实践，也不只是创新创业教育课程的建设，而是要改革教育内容和方法，改革教学内容和方式，强化创新创业教育实践，加强实验教学资源和科技创新资源共享。高校要根据学生的差异建立分层分类培养的体系。

三要切实提升教师创新创业的教育教学能力。高校要坚持全员参与、专兼结合，要求所有教师都能够开发各种创新创业课程。高校要聘请各行各业优秀人才担任创新创业指导教师；要加强培训，提高教师创新创业教育的意识和能力；改革教师考核与评聘制度，加强创新创业教育的考核评价，充分调动高校教师参与创新创业教育的主动性。

四要积极推进协同育人。高校要推进高校与政府、社会、行业企业的协同，吸引社会资源的投入，促进产学研用紧密结合，更好地为行业和地方经济的发展服务。

习近平总书记在一系列重要讲话中多次强调要"开创人人皆可成才，人人尽其才的生动局面"①。培养创新创业的专业型人才，就是要将知识型与技术型人才相结合，进行创新创业教育。如果只重视知识而忽视了技能，创新创业主体将变成一个"理论的奴隶"，只能简单地掌握理论知识，在创新创业的实践活动中变为"行动的侏儒"。同样地，如果只注重技术教育而忽视了知识教育，创新创业主体尽管在操作层面有一定的掌控能力，但最终会因为创新创业理论的缺乏而导致创新创业的道路变得异常艰难，甚至无法走得更远。"互联网+"时代是一个充满机遇与挑战的双重变奏时代，创新创业者只有在知识与技术都有良好底蕴的前提下，才可以求得自身在"互联网+"时代的生存与发展。

---

① 张昊民、马君：《高校创业教育研究——全球视角与本土实践》，87页，北京，中国人民大学出版社，2012。

# 参考文献

**一、著作类**

[德]马克思,恩格斯.马克思恩格斯选集[M]第 4 卷.北京:人民出版社,1995.

[德]康斯坦西·瑞德.希尔伯特[M].袁向东,等译.上海:上海科技出版社,1982.

[美]戴夫·柯本,特蕾莎·布朗,瓦莱丽·普理查德.互联网新思维——未来十年的企业变形记[M].钱峰,译.北京:中国人民大学出版社,2014.

[美]杰弗里·蒂蒙斯,小斯蒂芬·斯皮内利.创业学[M]第 6 版.周伟民,吕长春,译.北京:人民邮电出版社,2005.

[美]杰克·M.卡普兰,安东尼·C.沃伦.创业学[M]第 2 版.冯建民,译.北京:中国人民大学出版社,2009.

[美]马斯洛,等.人的潜能和价值[M].北京:华夏出版社,1987.

[美]维克多·黄,格雷格·霍洛维茨.硅谷生态圈——创新的雨林法则[M].诸葛越,许斌,等译.北京:机械工业出版社,2015.

[美]约瑟夫·熊彼特.资本主义、社会主义和民主主义[M].吴良健,译.北京:商务印书馆,1999.

[美]吴霁虹·桑德森:众创时代[M].北京:中信出版社,2015.

[美]约瑟夫·熊彼特.经济发展理论[M].何畏,等译.北京:商务印书馆,1990.

[美]拉里·法雷尔.创业时代——唤醒个人、企业和国家的创业精神[M].李政,译.北京:清华大学出版社,2006.

[英]大卫·史密斯.创新[M].秦一琼,等译.上海:上海财经大学出版社,2008.

[英联]列宁.列宁全集[M]第 38 卷.北京:人民出版社,1959.

陈国嘉.互联网+——传统行业跨界融合与转型升级新模式[M].北京:人民邮电出版社,2015.

陈伟.西方大学教师专业化[M].北京:北京大学出版社,2008.

高志宏，刘艳．创新创业教育的理论与实践[M]．南京：东南大学出版社，2012．

顾庆良．企业家和创新创业精神[M]．北京：北京大学出版社，2016．

黄兆信，王志强．地方高校创业教育转型发展研究[M]．杭州：浙江大学出版社，2013．

课题组．沪苏浙皖高校创业教育状况调研报告[M]．上海：华东理工大学出版社，2012．

李大光，刘力南，曹青阳．今日新加坡教育[M]．广州：广东教育出版社，1996．

李时椿，常建坤．创新与创业管理：理论·实战·技能[M]．南京：南京大学出版社，2014．

李时椿，常建坤，杨怡．大学生创业与高等院校创业教育[M]．北京：国防工业出版社，2004．

李易．互联网+：中国步入互联网红利时代[M]．北京：电子工业出版社，2015．

刘宝存．大学理念的传统与变革[M]．北京：教育科学出版社，2002．

马化腾，等．互联网+：国家战略行动路线图[M]．北京：中信出版社，2015．

马健生．创新与创业：21世纪教育的新常态[M]．济南：山东教育出版社，2015．

马云，曾鸣，高红冰．读懂互联网+[M]．北京：中信出版社，2015．

麦克斯研究院．2014年中国大学生就业报告[M]．北京：社会科学文献出版社，2014．

彭钢．创业教育学[M]．南京：江苏教育出版社，1995．

彭华伟．互联网背景下的创业基础与实践[M]．北京：经济科学出版社，2015．

钱贵晴，刘文利．创新教育概论[M]．北京：北京师范大学出版社，2009．

孙德林．创新创业多样化人才培养模式研究[M]．北京：科学出版社，2014．

孙柳燕．创新意识[M]．上海：上海科学技术出版社，2011．

谭蔚沁，林德福，吕萍．大学生创业教育概论[M]．昆明：云南大学出版社，2011．

王复亮．创新教育学概论[M]．北京：中国经济出版社，2006．

王延荣．创新与创业管理[M]．北京：机械工业出版社，2015．

谢志远，吕一军，邹良影．大学生创业教育转型发展研究[M]．杭州：浙江大学出版社，2012．

徐丽华，吴文胜，傅亚强．教师与学生创新行为的发展[M]．北京：教育科学出版社，2011．

杨寅平．现代大学理念构建[M]．北京：中央编译出版社，2005．

曾昭薰，陈岩．创业教育概论[M]．长沙：湖南人民出版社，2005．

张昊民，马君．高校创业教育研究——全球视角与本土实践[M]．北京：中国人民大学出版社，2012．

张家祥，钱景舫．职业技术教育学［M］．上海：华东师范大学出版社，2001．

中国电子学会教育工作委员会．创新人才培养与实践教学改革［M］．成都：电子科技大学出版社，2008．

## 二、期刊类

白广申．"互联网＋"时代背景下高职院校创新创业教育改革探索［J］．广州职业教育论坛，2016(2)．

曹胜利，雷家骕．中国高校需要怎样的创新创业教育［N］．中国教育报，2010-01-13．

陈翠荣．大学创新教育实施困境的博弈分析［J］．中国高教研究，2014(7)．

陈汉聪，邹晓东．发展中的创业型大学：国际视野与实施策略［J］．比较教育研究，2011(9)．

陈奎庆，毛伟，袁志华．创业教育与专业教育融合的模式及实现路径［J］．中国高等教育，2014(22)．

陈宓宓．论产业结构升级背景下高校创业教育的实施［J］．继续教育研究，2016(3)．

陈夙，项丽瑶，俞荣建．众创空间创业生态系统：特征、结构、机制与策略［J］．商业经济与管理，2015(11)．

陈文，赖炳根．德国高校创业教育特点及启示［J］．学校党建与思想教育，2012(10)．

邓汉慧，刘帆，赵纹纹．美国创业教育的兴起发展与挑战［J］．中国青年研究，2007(9)．

邓淇中，周志强．大学生创新创业教育体系的问题与对策［J］．创新与创业教育，2014(1)．

邓新民．自媒体：新媒体发展的最新阶段及其特点［J］．探索，2006(2)．

丁波，叶树江，蒲明．应用型本科院校创新创业教育的问题与对策研究［J］．黑龙江教育学院学报，2012(5)．

董雪．"互联网＋"视阈下大学生创新创业教育路径探究［J］．现代经济信息，2015(17)．

付萍，谢爱平．互联网环境下高职创新创业型人才培养的思考［J］．人才，2014(6)．

高秀兰．我国高等职业教育的发展趋势和策略［J］．科教文汇，2006(1)．

葛宝山，王侃．个人特质与个人网络对创业意向的影响—基于网店创业者的调查［J］．管理学报，2010(12)．

官建文，李黎丹．"互联网＋"：重新构造的力量［J］．现代传播(中国传媒大学学报)，2015(5)．

郭淑芬．基于共生的创新系统研究［J］．中国软科学，2011(4)．

郭宇峰．斯内登的职业教育思想及其影响［J］．中国成人教育，2014(13)．

何树贵．熊彼特的企业家理论及其现实意义［J］．经济问题探索，2003(2)．

胡贝贝. 互联网时代创业活动的新特点——基于创客创业活动的探索性研究[J]. 科学学研究，2015(10).

胡继渊，沈正元. 国外中小学创新教育摭谈[J]. 外国中小学教育，2000(1).

黄升民，刘珊. "互联网思维"之思[J]. 现代传播，2015(1).

黄唯. 服务区域经济发展与高校创业教育创新[J]. 煤炭高等教育，2011(5).

贾元昕，杨明川，孙静博. 大数据在"互联网+"进程中的应用[J]. 电信技术，2015(6).

姜慧，殷惠光，徐孝昶. 高校个性化创新创业人才培养模式研究[J]. 国家教育行政学院学报，2015(3).

蒋璟萍. 创业精神的本质、特征和功能[J]. 沈阳大学学报，2004(1).

降雪辉. "互联网+"时代大学生创新创业教育新模式[J]. 重庆科技学院学报(社会科学版)，2015(12).

雷家骕. 国内外创新创业教育发展分析[J]. 中国青年科技，2007(2).

李慧勤，郭晓静. 国外创新教育的发展及对我国的启示[J]. 中国地质教育，2005(3).

李家华，卢旭东. 把创新创业教育融入高校人才培养体系[J]. 中国高等教育，2010(12).

李桃，马书琴，李增梅. 我国高校创业教育健康发展问题探讨——基于外部环境建设视角[J]. 教育管理，2009(8).

李霆鸣. 新加坡创业教育的发展及其对我国高校的启示[J]. 职业技术教育，2008(7).

李燕. 从杜威的"从做中学"角度看我国的职业教育[J]. 科教导刊(上旬刊)，2014(3).

李志永. 日本大学创业教育的发展与特点[J]. 比较教育研究，2009(3).

林钟鹤. 韩国高校创业教育发展与创新——以五所"创业研究生院"为例[J]. 比较教育研究，2013(5).

刘碧强. 英国高校创业型人才培养模式及其启示[J]. 高校教育管理，2014(1).

刘刚，李强治. 创业活动与中国经济增长的区域差异分析[J]. 中共天津市委党校学报，2012(3).

刘军. 高校"创新创业"教育的内涵、问题与改革路径探析[J]. 高教学刊，2016(10).

刘敏. 法国创业教育研究及启示[J]. 比较教育研究，2010(10).

刘伟. 高校创新创业教育人才培养体系构建的思考[J]. 教育科学，2011(5).

卢凤伟，张秀杰，张兴. 大学生职业素养提升项目(CCEP)课题实施前后的对比分析研究[J]. 中国科技教育(理论版)，2012(6).

马明山，乔丹丹，汪向征. 公众视野中的可汗学院课程评价及其启示[J]. 中国电化教育，2014.

［美］卡洛塔·佩雷兹.信息通信技术、环境与需求增长：全球可持续发展"黄金时代"的引擎［J］.浦江创新论坛讲演实录，2010.

南旭光."互联网＋"职业教育：逻辑内涵、形成机制及发展路径［J］.职教论坛，2016(1).

宁家骏."互联网＋"行动计划的实施背景、内涵及主要内容［J］.电子政务，2015(6).

欧阳伦四，郭岚.对我国高校创业教育课程体系现存问题的思考［J］.职教论坛，2011(9).

彭文博，等.创新创业教育课程体系建设的探索与实践［J］.创新与创业教育，2010(4).

邱化民，赵春雪，呼丽娟.主体性发展视角下的大学生创新创业教育研究［J］.高教发展研究，2015(10).

申金霞.自媒体的信息传播特点探析［J］.今传媒，2012(9).

沈东华.英国高校创业教育的发展历程与反思［J］.当代青年研究，2014(4).

沈陆娟.美国社区学院全校性创业教育策略评析［J］.比较教育研究，2014(2).

石巧君，雷虹，吴丹.促进大学生创业竞赛良性发展管窥［J］.创新与创业教育，2013(4).

孙忱."新常态"背景下大学生互联网创新创业教育问题及对策研究［J］.中小企业管理与科技(中旬刊)，2015(11).

孙珂.21世纪英国大学的创业教育［J］.比较教育研究，2010(10).

孙晓莹.德国职业教育对我国职业教育发展的启示［J］.教学研究，2006(5).

唐晓曦.杜威的"从做中学"对职业教育教学模式改革的启示［J］.新课程研究(职业教育)，2008(10).

王东明，刘姬冰.大学生创新创业教育存在的问题与对策研究［J］.河北软件职业技术学院学报，2014(14).

王革，刘乔斐.高等学校一种新的教育理念——中国大学创新创业教育发展报告述评［J］.中国高教研究，2009(9).

王军超，李宏亮，康晶.开展创业教育打造地方高校服务区域经济社会发展的强力引擎［J］.河北大学成人教育学院学报，2011(4).

王蕾，曹希敬.熊彼特之创新理论的发展演变［J］.科技和产业，2012(6).

王平.推进地方高职院校创业教育环境建设［J］.教育与职业，2014(30).

王左丹，侯永雄.大学生创业教育认识的不足及其路径研究［J］.华南师范大学学报(社会科学版)，2014(8).

王作桥，周培松，孟三爱.高校大学生科技创新激励机制研究［J］.学校党建与思想教育，2007(2).

韦联桂，凌俊.加强大学生创业文化建设的思路与措施研究——以广西财经学院为例[J].全国商情(理论研究)，2012(18).

吴轩辕.大学生创业计划大赛组织的不足与改善分析[J].当代教育理论与实践，2010(12).

肖丽辉.互联网背景下的高职创新创业人才培养[J].管理创新，2015.

熊飞，丘菀华.中美两国创业教育比较研究[J].北京航空航天大学学报(社会科学版)，2005(4).

徐明."互联网+"时代的大学生创业模式选择与路径优化[J].中国青年研究，2015(5).

徐小洲，李娜.印度创业发展学院开展创业教育的经验与启示[J].高等工程教育研究，2014(5).

杨秋宁.德国高校创业教育的特点及启示[J].人民论坛，2014(11).

杨永军，陈文蓁.提升杭州大学生创业园孵化功能的对策研究[J].杭州科技，2011(6).

余明远，员智凯.创新思维和社会实践紧密结合的机制探索[J].学术论坛，2011.

曾骊.大学生网店创业的现状与生态环境构建——基于浙江省高校的调研[J].青年探索，2013(6).

张洪芹.大学生创新意识的培养机制[J].山东省青年管理干部学院学报，2007(4).

张杰夫.互联网+给教育带来五大革命性影响[J].人民教育，2015(13).

张力玮.法国创业教育发展历程和政策举措[J].世界教育信息，2016(9).

张绍丽，郑晓齐.众包、众筹、众创——高校科研模式创新研究[J].科技进步与对策，2016(6).

赵观石.我国高校创业教育环境建设探析[J].内蒙古农业大学学报(社会科学版)，2005(4).

赵建玲.发达国家的职业教育模式及其启示[J].金融教学与研究，2007(3).

赵康.专业、专业属性及判断成熟专业的六条标准——一个社会学角度的分析[J].社会学研究，2000(5).

赵志耘，杨朝峰.创新范式的转变：从独立创新到共生创新[J].中国软科学，2015(11).

周报春.美国社区学院的改革对我国高职教育的启示[J].职业教育研究，2007(10).

朱丽，吴晓璐.高等教育资源共享视角下的创新创业教育改革初探[J].文教资料，2016.

朱再法，郭亚芳.推进大学生创业教育的若干思考[J].中国高教研究，2001(6).

### 三、学位论文类

曹扬.转型经济发展方式背景下高校创新创业教育问题研究[D].长春：东北师范

大学，2014.

胡莉．大学生创业意识培养研究[D]．重庆：西南大学，2009.

钱昊．"两课"教学培养大学生创新意识研究[D]．南京：南京师范大学，2004.

王萌．大学生创业精神培养研究[D]．南京：南京理工大学，2015.

王萍．地方本科院校创业教育研究[D]．济南：山东师范大学，2009.

王婉萍．大学生创业教育及保障体系的研究[D]．杭州：浙江大学，2006.

许德涛．大学生创新创业教育研究[D]．济南：山东大学，2013.

张静静．当代美国大学创业教育课程改革及其启示[D]．曲阜：曲阜师范大学，2013.

## 四、外文类

Erich Jantsch. The Self-Organizing Universe：Scientific and Human Implication of the Emerging Paradigm of Evolution[M]. Oxford：Pergamon Press，1980.

Freidson E. Professionalism Reborn：Theory，Prophecy and Policy[M]. Cambridge：Polity Press，1994.

William D. Bygrave and Jeffry A. Timmons，Venture Capital at the Crossroads[M]. Boston：Harvard Business School Press ，1992.

Bull I，G E Willard. Towards a Theory of Entrepreneurship[J]. Journal of Business Venturing，1993(8).

Lencher T. Social Interation：A Determinant of Entrepreneurial Team Venture Success[J]. Small Business Economics，2001，16(4).

Charney A.，LibecapG. D. . Impact of Entrepreneurship Education. A Kauffman Rwswarch Series[R]. Kauffman Center for Entrepreneurial Leadership，2000.

Stanford Facts. The Founding of The University[EB/OL]. http：//facts. stanford. Edu/founding. html/，2010-12-21.

Stanford University Office of Technology Licensing about OTL[EB/OL]. http：//otl. stanford. edu/，2011-12-27.

# 后 记

创新创业教育是当前我国高等教育改革发展和研究探索的新兴领域。切实加强和深入推进高校创新创业教育工作，是国家实施创新驱动发展战略、促进经济提质增效升级的迫切需要，是推进高等教育综合改革、促进毕业生更高质量创业就业的重要举措。伴随着从国家到高校众多创业政策的出台和落地，越来越多的大学生将选择创业，成为"大众创业、万众创新"的生力军。随着经济社会的转型和战略新兴产业的发展，我国迫切需要高校培养更多创新型人才和应用型人才，这都对高校开展创新创业教育提出了要求，指明了方向。

互联网作为人类最伟大的发明之一，对全球可持续发展有着深远的影响。互联网的创新发展，有力助推了创新创业新时代的到来。"互联网＋"顺应世界经济发展潮流，反映创新时代的鲜明特征，是互联网 2.0 与创新 2.0 深度融合的标志。"互联网＋"将互联网的创新成果深度融合于经济社会各领域，造就了无所不在的创新，催生了无穷无尽的新兴业态。在"互联网＋"背景下，高校创新创业教育必须从理念、目标、方法、途径和载体等诸多方面进行创新发展。

在创新创业教育探索中，不同高校依据自身实际走出了各具特色的发展道路。2016 年 7 月，教育部公布了首批 50 所"全国创新创业典型经验高校"，北京大学、清华大学等高校榜上有名，我校杭州师范大学——这所马云眼里"最好的大学"，成为其中仅有的一所师范院校。入围的 19 所部属院校、25 所省属本科院校和 6 所高职高专院校，为全国不同层次的高校进一步深化创新创业教育改革树立了典型。和全国许多高校一样，我校的创业教育也是从组织开展"挑战杯"大学生创业计划竞赛起步的，我本人也曾在 2010 年指导学生团队获"挑战杯"大学生创业计划竞赛全国金奖。随着学校转型发展的深入推进，创新创业教育成为学校发展的战略选择。学校把创新创业教育融入人才培养体系，贯穿人才培养全过程，积极顺应"互联网＋"时代创新创业新趋势，深入推进创新创业教育。学校充分发挥知名校友企业家优势，建立创新创业教育智库，多路径搭建创新创业教育平台、竞赛平台、实践平台和孵化平台。除了互联网领军人物马云，我校还有许多知名校友从事互联网创业。他们当中有出版小说《网络英雄传Ⅰ：艾尔斯巨岩之约》的郭羽，出版著作《互联网思维到底是什么：移动浪潮下的新商业逻辑》的项建标，出版著作《互联网时代的金融创新》的王文革。也正是这些优秀的校友企业家，促使我们不仅要加强创业教育理论探索，而且要凝练以互联网为特色的创新创业教育"杭师系"品牌。

本书的顺利完成要感谢赵定东、王淑翠、项贤钦、曹安、丁伟、丁花、金圣塔、吴家浩、张金玲、何花、韩苏芸、寇志茹和李璐等同人的辛勤付出，也要感谢先行者提供的大量文献资料。由于认识上的局限，本书肯定存在许多瑕疵。但如果能给创新创业教育大潮中奋勇前行的实践者和研究者一些启发和借鉴，也算完成了写作本书的初衷。

何 军

2017 年 9 月于杭州

# 说　明

本书配有相关展示资源，请有需要的读者与以下邮箱取得联系，获取《"互联网+"时代高校创新创业教育》精美 PPT 及更多北京师范大学出版社创业教育类图书的附赠资源，以供教学研究使用。

联系人：周编辑

联系邮箱：bnu2015ys@126.com

**图书在版编目（CIP）数据**

"互联网＋"时代高校创新创业教育 / 何军著 . —北京：
北京师范大学出版社，2018.7
　ISBN 978-7-303-23855-2

　Ⅰ．①互…　Ⅱ．①何…　Ⅲ．①高等学校－创造教育－研究－
中国　Ⅳ．①G640

中国版本图书馆 CIP 数据核字（2018）第 138154 号

营　销　中　心　电　话　010-58805072　58807651
北师大出版社高等教育与学术著作分社　http：//xueda.bnup.com

HULIANWANG+ SHIDAI GAOXIAO CHUANGXINCHUANGYE JIAOYU

出版发行：北京师范大学出版社　www.bnup.com
　　　　　北京市海淀区新街口外大街 19 号
　　　　　邮政编码：100875
印　　刷：北京京师印务有限公司
经　　销：全国新华书店
开　　本：787 mm×1 092 mm　1/16
印　　张：10.25
字　　数：220 千字
版　　次：2018 年 7 月第 1 版
印　　次：2018 年 7 月第 1 次印刷
定　　价：49.80 元

策划编辑：周　粟　　　　责任编辑：鲍红玉
美术编辑：王齐云　　　　装帧设计：王齐云
责任校对：段立超　　　　责任印制：马　洁